시편 23편

현대인을 위한
영혼의 치료제

현대인을 위한 영혼의 치료제
시편 23편

지은이 | 라원기
펴낸이 | 원성삼
표지디자인 | 한영애
펴낸곳 | 예영커뮤니케이션
초판 1쇄 발행 | 2018년 6월 16일
초판 2쇄 발행 | 2021년 9월 9일
등록일 | 1992년 3월 1일 제 2-1349호
주소 | 03128 서울시 종로구 대학로3길 29, 313호(연지동, 한국교회100주년기념관)
전화 | (02)766-8931
팩스 | (02)766-8934
이메일 | jeyoung@chol.com
ISBN 978-89-8350-994-9 (03230)

본 저작물은 저작권법에 의하여 한국 내에서 보호를 받는 저작물이므로
무단 전재와 무단 복제를 금합니다.

값 7,000원

이 도서의 국립중앙도서관 출판예정도서목록(CIP)은 서지정보유통지원시스템 홈페이지
(http://seoji.nl.go.kr)와 국가자료공동목록시스템(http://www.nl.go.kr/kolisnet)
에서 이용하실 수 있습니다.(CIP제어번호: CIP2018016062)

모든 인간은 하나님의 형상을 닮은 존귀한 존재입니다. 사람은 인종, 민족, 피부색, 문화, 언어에 관계없이 모두 다 존귀합니다. 예영커뮤니케이션은 이러한 정신에 근거해 모든 인간이 존귀한 삶을 사는 데 필요한 지식과 문화를 예수 그리스도의 사랑으로 보급함으로써 우리가 속한 사회에 기여하고자 합니다.

아프고 힘든 당신을 위한 하나님의 특별 처방전!

시편 23편
현대인을 위한 영혼의 치료제

라원기 지음

예영

● 추천사 1 ●

　삶이 힘들다 보니 다양한 마음 치료법들이 많다. 그러나 그 어떤 것이 시편 23편과 같을까? 시편 23편을 조용히 몇 번만 읽어도 황량해진 내 마음의 땅에 잔잔한 강물이 흐르고, 푸른 초장에 쉬는 것 같은 느낌이 들게 된다.

　시편 23편은 어느 것과도 비교할 수 없는 영원한 최고의 시다. 그런데 최고의 시일수록 최고의 해설가가 필요하다. 그 깊이가 너무 깊기 때문이다. 이 책은 그 놀라운 깊이 속으로 우리를 안내한다. 그리고 눈을 열어 시가 가리키는 영원한 목자를 만나게 한다. 또한 진정한 힐링은 그분을 만남으로 주어짐을 체험하게 해 준다.

　이 책은 값싼 위로를 주는 책이 아니다. 하나님을 만나게 함으로 근원적인 치료를 주는 책이다. 참된 쉼이 필요하다면 이 책의 안내를 받아 시편 23편 안으로 다시 들어가 보라.

정현구 | 서울영동교회 담임 목사

● 추천사 2 ●

저는 이 책을 읽으며 도무지 손에서 놓을 수 없었습니다. 끝까지 한숨에 읽을 수밖에 없을 만큼 좋은 양서를 만난 것입니다.

인생을 살다 보면 때론 굶주리기도 하고 목마르기도 한데, 책장을 넘기면서 영이 가득히 채워집니다.

시편 23편을 좋아하는 사람은 많아도, 실제 이 말씀을 나의 축복으로 누리며 사는 사람은 많지 않습니다. 이 책을 읽다 보면 "내 인생에 목자가 필요하구나."라고 느끼게 됩니다.

내 힘으로 사는 사람들은, 교인이거나 세상 사람들이거나 다 피곤합니다. 이런 분들에게 심령의 쉼을 주는 특별한 책입니다. 이 책을 믿지 않는 사람들에게 선물로 드린다면, 읽으면서 웃고 울고를 반복하다 어느새 전도가 되겠다 싶은 그런 책입니다.

새 가족을 전도하고 싶은 분이나 양을 정착시키고 싶은 목자에게, 이 책을 강력히 추천합니다.

김형민 | 대학연합선교회 대표, 빛의자녀들교회 담임 목사

● **차례** ●

추천사 • 4
들어가는 말 • 10

1장 외로운 영혼을 위한 치료제 • 15
외로운 영혼들 | 목자가 필요한 영혼들 | 부족함이 없는 인생

2장 지친 영혼을 위한 치료제 • 33
피곤함에 지친 현대인 | 피곤함의 더 깊은 원인 | 안식의 시간을 확보하라

3장 낙심한 영혼을 위한 치료제 • 55
마음이 낙심한 현대인들 | 영적 침체에 빠지는 그리스도인들 | 우리를 회복시켜 주시는 하나님 | 회복에 대한 확신

4장 고난당한 영혼을 위한 치료제 · 73
고난이 있는 인생 | 사망의 골짜기로 양 떼를 인도하는 목자 | 고난을 통한 유익

5장 상처 입은 영혼을 위한 치료제 · 91
상처가 있는 인생 | 잔치로의 초대 | 기름 부으심을 통한 위로 | 잔을 채워 주심을 통한 위로

6장 미래를 두려워하는 영혼을 위한 치료제 · 115
미래를 두려워하는 우리 인생 | 우리를 추격하는 하나님의 은혜 | 하나님의 선하심과 인자하심이 하는 일 | 팔자보다 높은 십자 | 내가 여호와의 집에 영원히 살리로다

나가는 말 · 136
미주 · 139

시편 23편

1. 여호와는 나의 목자시니 내게 부족함이 없으리로다.
2. 그가 나를 푸른 풀밭에 누이시며 쉴 만한 물가로 인도하시는도다.
3. 내 영혼을 소생시키시고 자기 이름을 위하여 의의 길로 인도하시는도다.
4. 내가 사망의 음침한 골짜기로 다닐지라도 해를 두려워하지 않을 것은 주께서 나와 함께하심이라 주의 지팡이와 막대기가 나를 안위하시나이다.
5. 주께서 내 원수의 목전에서 내게 상을 차려 주시고 기름을 내 머리에 부으셨으니 내 잔이 넘치나이다.
6. 내 평생에 선하심과 인자하심이 반드시 나를 따르리니 내가 여호와의 집에 영원히 살리로다.

Psalm 23

1. The LORD is my shepherd, I shall not be in want.
2. He makes me lie down in green pastures, he leads me beside quiet waters,
3. he restores my soul. He guides me in paths of righteousness for his name's sake.
4. Even though I walk through the valley of the shadow of death, I will fear no evil, for you are with me; your rod and your staff, they comfort me.
5. You prepare a table before me in the presence of my enemies. You anoint my head with oil; my cup overflows.
6. Surely goodness and love will follow me all the days of my life, and I will dwell in the house of the LORD forever.

● 들어가는 말 ●

저는 개인적으로 인간이 표현할 수 있는 말 중에 가장 아름다운 것이 시라고 생각합니다. 그리고 인간의 시 중에서 가장 심오하고 아름다운 시는 시편의 시라고 생각합니다. 왜냐하면, 수천 년 동안 계속 사람들의 사랑을 받아 오고 있는 시가 바로 시편이기 때문입니다.

그리고 또한 이 시편의 시들 중 가장 사랑을 많이 받는 시는 역시 시편 23편이라고 생각합니다. 왜냐하면, 믿는 분들은 말할 것도 없고, 심지어는 믿지 않는 분들도 어느 정도는 알고 있는 것이 바로 이 시편 23편이기 때문입니다. 특별히 시편 23편 속에는 그리스도인들이 하나님과의 관계에서 필요한 모든 것이 다 들어가 있습니다. 그래서 이 시편은 결혼식 때 읽어도 은혜가 되고, 장례식 때 읽어도 은혜가 되는 독특한 시입니다.

우리가 언뜻 보기에는 이 시는 목동이었던 다윗이 한가롭게 풀밭에 누워 풀을 뜯어 먹는 양을 보면서 지은 시라는 생각이 들

수도 있겠지만 사실상 자세히 살펴보면 이 시는 다윗이 말년에 지은 시라고 보는 것이 더 옳다고 생각합니다. 그 이유는 이 시에는 한가로운 전원 풍경만 나오는 것이 아니라, '사망의 음침한 골짜기'나 '원수의 목전에서' 등과 같은 표현들이 나오기 때문입니다.

그러므로 이 시는 다윗이 목동 시절부터 왕이 되기까지 그의 전 일생을 돌아보며 체험적으로 지은 시라고 보는 것이 더 정확하다고 볼 수 있습니다. 그래서 이 짧은 시편 속에는 다윗이 하나님과 일생을 통해서 경험한 아름다운 사랑 이야기가 들어가 있습니다. 그래서 시편 23편은 참으로 큰 은혜가 됩니다. 왜냐하면, 이 시를 통해 다윗의 일생을 통해 생생하게 역사하신 하나님의 은혜를 간접적으로 경험할 수 있기 때문입니다.

또한 이 시편 23편 말씀은 과거에 살았던 다윗의 신앙고백이지만 21세기를 살아가는 지금 우리에게도 꼭 필요한 은혜의 말

쏨이 될 수 있습니다. 왜냐하면, 과거에 다윗이 경험했던 그 고난과 어려움의 문제들이 오늘 이 시대에도 형태는 다르지만, 똑같은 패턴으로 우리 그리스도인들에게 반복되기 때문입니다. 그래서 저는 여섯 구절로 된 이 시편 23편의 말씀이 복잡한 오늘을 살아가는 '현대인을 위한 영혼의 치료제'라는 사실을 발견했습니다.

이 시편 23편의 각각의 구절들은 외롭고, 지치고, 낙심하고, 고난받고, 상처 입고, 두려워하는 영혼들을 치료해 주는 하나님의 놀라운 처방전이 될 수 있습니다.

성령의 영감으로 쓰인 이 시편 말씀은 비록 수천 년 전에 쓰였지만, 오늘을 살아가는 그리스도인들에게 그대로 적용해도 풍성한 은혜가 될 것입니다. 그 이유는 이 시편에 나오는 하나님이 다윗의 목자일 뿐만 아니라 우리 자신의 목자도 되시기 때문입니다.

오늘날 여러 가지 이유로 매우 힘들고 아파하는 여러분들에게 이 시편 23편의 말씀이 영혼과 육신을 치료해 주는 하나님의 놀라운 치료제가 되기를 소망하며, 함께 이 시편 23편의 은혜의 말씀으로 들어가 보고자 합니다.

외로운 영혼을 위한 치료제

①

"여호와는 나의 목자시니
내게 부족함이 없으리로다."
_ 시편 23:1

외로운 영혼들

다윗이 하나님의 영감을 받아 쓴 시편 23편 1절은 다음과 같이 시작됩니다.

"여호와는 나의 목자시니 내게 부족함이 없으리로다."

이 말씀이 왜 오늘날 외로움을 느끼고, 소외감을 느끼는 모든 사람을 위한 치료제가 될 수 있을까요? 그것은 오늘날 현대인은 무엇보다 진실한 관계의 부족으로 인한 깊은 고독을 느끼는데 이 시편의 말씀은 우리와 영원한 관계를 맺기 원하는 목자로서의 하나님을 소개해 주기 때문입니다.

오늘날 현대인의 문제가 무엇입니까? 그것은 자신이 진정으로 마음을 주고 관계를 맺을 수 있는 대상이 없다는 것입니다. 그래서 그들은 미친 듯이 뭔가에 몰두해서 살아가지만 왜 그들이 그토록 고독과 허무를 느끼는지 그 이유조차 모르고 살아갑니다. 사람들은 외로우므로 뭔가를 합니다. 술을 마시기도 하고 연애를 하기도 하고 또 스포츠나 영화 혹은 사업에 몰두하기도 합니다.

그러나 사실 그들은 내면에서 하나님을 만나지 못하고 있으므로 이같이 자신도 모르게 뭔가를 가지고 자꾸 자신을 채우려고 하는 것입니다. 그래서 G. K. 체스터턴 G. K. Chesterton 은 "사람이 창녀촌의 문을 두드리고 있을 때도 사실은 하나님을 찾고 있다."라는 의미심장한 말을 했습니다.

목자가 필요한 영혼들

인간에게는 하나님이 절대적으로 필요합니다. 왜냐하면, 인간의 근본적인 허무를 채워 주고 영원한 인격적인 교제를 맺으실 수 있는 분은 오로지 창조주 하나님 한 분뿐이기 때문입니다. 많은 사람이 애인이 생기거나 결혼을 하면 안 외로울 것 같이 생각하지만, 꼭 그런 것만은 아닙니다. 인간이 가지는 외로움은 실존적인 외로움이기 때문에 주위에 사람이 있다고 그 외로움이 근본적으로 해결되는 것은 아닙니다. 그러므로 우리 인간은 하나님을 만나야 합니다. 그래야 근본적으로 외로움이 해결될 수 있습니다.

특별히 하나님을 만나되 '목자'로서의 하나님을 만날 필요가 있습니다. 그 이유는 인간은 모두 연약한 양과 같은 존재이기 때문입니다. 양은 자신을 보호할 수 있는 능력이 없습니다. 사자와 같은 날카로운 이빨이나 발톱도 없고, 코뿔소와 같은 뿔도 없습니다. 양은 누군가가 자신을 보호해 주지 않으면 안전하게 살아갈 수 없는 동물입니다.

또한 양은 특별히 시야가 짧습니다. 멀리 보지를 못합니다. 그러므로 양에게는 반드시 인도자가 있어야 합니다. 만약 인도자가 없다면 양은 백발백중 위험에 처하게 되어 있습니다. 그러므로 양은 반드시 먼 시야를 가지고 양을 바른길로 인도해 주는 목자가 있어야 합니다. 그런 면에서 볼 때, 인간은 모두 양과 같은 존재입니다. 왜냐하면, 우리 인간은 5분 후에 일어날 일도 알지 못하기 때문입니다. 그러므로 우리에게는 앞서서 우리의 삶을 인도해 줄 목자가 꼭 필요한 것입니다.

성경은 하나님을 떠난 인간의 모습을 목자 없이 뿔뿔이 흩어져 헤매는 양의 모습으로 묘사합니다. 이사야서 53장 6절에 보면 "우리는 다 양 같아서 그릇 행하여 각기 제 길로 갔거늘 여호와께서는 우리 모두의 죄악을 그에게 담당시키셨도다."라고 말씀하고 있습니다. 그러므로 인간은 모두 양인데 성경 말씀에 따르면 이 세상에는 두 종류의 양이 있는 것입니다. 하나는 인생의 주인이신 하나님을 아직 만나지 못하여 헤매고 있는 양이 있고, 또 하나는 하나님을 인격적으로 만나서 목자 되신 하나님의 보호 아래 있는 양이 있는 것입니다.

그러므로 여러분은 선택해야 합니다. 여전히 목자 없이 길 잃은 양으로 외롭고 고독한 인생을 계속 살 것인지, 아니면 영혼의 목자이신 하나님께로 돌아와서 남은 인생을 의미 있고 가치 있게 살 것인지를 선택해야 합니다.

저는 여러분이 종교인이 되느냐 마느냐의 문제를 이야기하는 것이 아닙니다. 중요한 것은 이 시편 23편에 나오는 그 하나님을 여러분의 목자로 인격적으로 만났는가 하는 것을 묻고 싶은 것입니다. 만약 그렇지 못했다면 여러분은 교회에 다니고 있더라도 여전히 잃어버린 존재이고, 여전히 우주에서 가장 외로운 존재라는 사실을 알아야 합니다.

이런 이야기가 있습니다. 미국에서 한 신학교의 동문회 때 있었던 일이라고 합니다.

모처럼 모인 동문회 모임에서 그 학교 출신들이 많이 모였습니다. 그중에는 대부분이 목사님들이었고 또 교수들, 그리고 영화배우 등 여러 분야에서 활동하는 사람들이 그 자리에 참석했습니다. 그때 사회자가 그 동문 중에서 한 사람을 지목했습니다. 지목을 받은 사람은 많은 사람이 알고 있는 유명한 영화배우였습니다. 사회자는 그에게 시편 23편을 낭송해 달라고 요청했습니다. 그 배우는 자신의 뛰어난 연기력을 동원해 아름다운 음성으로 시편 23편을 낭송하였습니다. 그것이 끝나자 사람들은 일제히 박수를 쳤습니다.

그리고 시간이 좀 흐른 뒤에 그 사회자의 눈에 맞은편에 앉아 있는 친구가 보였습니다. 사회자는 그에게도 시편 23편을 읽어 달라고 부탁했습니다. 그 친구는 시골의 한 작은 교회를 담임하는 목사님이었습니다. 그는 눈을 감고 시편 23편을 생각했습니다. 그리고 자신이 아끼던 교회 집사님의 장례식장에서 그 시를 읽었던 것을 생각했습니다. 그는 시골 목사였기에 그리 좋은 옷을 입고 있지도 않았고, 멋진 목소리를 가진 것도 아니었습니다. 그러나 그는 그 시를 깊이 생각하며 아주 천천히 그 시를 외우기 시작했습니다. 그런데 시가 낭송되는 동안에 사람들의 마음에는 감동과 은혜의 물결이 일기 시작했습니다. 그 시가 끝나자 많은 사람이 감격의 눈물을 흘렸고, 먼저 시를 읽었던 영화배우는 일어나서 이런 말을 했습니다.

"나는 시편 23편을 알고 있지만, 저 친구는 그 시 안에 있는 목자를 알고 있다."

그렇습니다. 우리가 분명히 알아야 하는 것은, 시편 23편을 알고 있는 것만으로는 안 되고 이 시편 23편 속에 있는 살아 계신 하나님을 우리 자신의 목자로 만나야 한다는 사실입니다. 하나님은 인간이 만들어 낸 관념이나 이론이 아닙니다. 그분은 실재하시는 분입니다. 그분은 지금도 살아 계시고 당신의 자녀를 한 사람 한 사람 개인적으로 만나 주시는 분입니다.

많은 사람은 『팡세』를 쓴 파스칼을 천재 수학자이자 발명가요, 17세기 프랑스의 가장 위대한 사상가 중 한 사람으로 알고 있습니다. 그는 수학뿐 아니라 물리학, 철학, 더 나아가서는 오늘날의 컴퓨터학 대부로도 인정받고 있습니다. 그러나 많은 사람은 그가 천재적인 사상가라는 사실만 알고 있지 그가 하나님을 인격적으로 만났다는 사실은 모르고 있습니다.

그는 1654년 11월 23일 월요일 저녁, 나이 31세 때에 마차 사고로 인하여 거의 죽음 직전까지 갔었고, 이 사건을 통하여 하나님과 깊은 만남을 경험했습니다. 그 후 그는 자기의 극적인 회심 체험이 너무나 감격스러워 자신이 하나님과 만난 체험을 적은 양피지를 남은 생애 동안 상의 안쪽에 꿰매어서 다녔습니다.

39세의 나이에 그가 죽은 다음, 그의 여동생에 의해서 그 글이 발견되었습니다. 그는 자신의 뜨거운 체험을 불fire이라고 이름을 붙였습니다. 그의 글에는 이렇게 적혀 있었습니다.

"철학자들과 과학자들의 하나님이 아닌 '아브라함의 하나님, 이삭의 하나님, 야곱의 하나님.' 가슴 깊숙이 느껴지는 확신, 기쁨, 평안. 예수 그리스도의 하나님, 나의 하나님이자 너의 하나님 … '오, 의로우신 아버지, 세상은 당신을 알지 못했어도 나는 당신을 알았나이다.' 기쁨, 기쁨, 기쁨, 기쁨의 눈물."

그렇습니다. 파스칼은 하나님을 인격적으로 만났습니다. 그리고 파스칼이 만난 그 하나님은 다른 하나님이 아닌 예수 그리스도의 하나님이었습니다. 그러므로 우리가 다른 하나님이 아닌 예수 그리스도의 하나님을 알고 믿는 것이 중요합니다. 왜냐하면, 예수 그리스도만이 하나님께 나아갈 수 있는 길을 열어 주기 때문입니다.

그러므로 여러분이 하나님을 목자로 만나서 이 시편 23편을 통해 주어지는 하나님의 축복과 약속을 고스란히 받기 원한다면, 먼저 이 땅에 선한 목자로 오신 예수 그리스도를 구세주로 영접해야만 합니다. 그래야만 이 시편이 여러분 자신을 위한 시편이 될 수 있습니다.

예수 그리스도를 통하여 하나님을 만나게 되면 성경의 하나님이 구체적으로 우리에게 다가오게 됩니다. 우리의 삶을 간섭하시는 인격적인 하나님으로 와 닿게 됩니다. 그렇게 되면 여러분은 영혼의 방황을 끝내고 영적인 안식을 얻게 됩니다. 이것이 바로 시편 23편의 하나님을 자신의 목자로 만난 사람이 누리는 축복입니다.

시편 23편이 한 인간의 일생을 보여 주는 시라고 한다면 여기에서 목자를 빼면 아무 의미가 없습니다. 이 시편에서 시인은 인생길에서 통과해야 할 여러 가지 과정을 보여 줍니다. 거기에는 쉴 만한 물가도 있고 사망의 음침한 골짜기도 있습니다. 그러나 이 시편에서는 내가 어디로 통과하고 있는지보다는 내가 누구와 함께 가고 있는지를 더 강조하고 있습니다. 내가 인생에서 어떤 상황을 만나느냐 하는 것보다 더 중요한 것은 나와 함께하시는 그분이 어떤 분인가 하는 것이기 때문입니다.

부족함이 없는 인생

하나님을 인생의 목자로 만나게 된 사람은 어떤 고백을 하게 됩니까? 그는 다음과 같은 고백을 하게 됩니다. 바로 다윗이 한 고백입니다.

"여호와는 나의 목자시니 내게 부족함이 없으리로다."

물론 이 말은 하나님을 목자로 만나면 우리가 원하는 것을 하나님께서 무조건 다 채워 주신다는 말은 아닙니다. 필요$_{need}$와 욕구$_{desire}$를 혼동하면 안 됩니다. 하나님은 여러분이 바라는 욕구를 무조건 다 들어 주시는 분이 아닙니다.* 우리는 잘못된 것, 필요 없는 것을 하나님께 요구하는 경우가 얼마나 많습니까?

어느 신학자가 이렇게 이야기했습니다.

"하나님께서 지금까지 우리가 원하는 것들을 모두 들어주셨다면 우리는 아마 괴물이 되어 있을 것이다."

맞는 말입니다. 그러므로 하나님은 우리의 욕구를 무조건 다 채워 주시지는 않습니다. 다만 하나님은 영혼의 목자로서 양 떼들의 필요를 다 아시고 때에 맞게 필요한 것을 채워 주시는 것입니다. 그러므로 양에게 가장 필요한 것은 목자를 만나는 일입니다. 목자와의 관계가 바로 서게 되면 양의 필요는 자동으로 채워지게 되어 있기 때문입니다.

양과 목자와의 관계는 인간과 하나님과의 관계에서도 똑같이 적용됩니다. 우리가 하나님을 제대로 만나게 되면 이미 모든 것을 다 얻은 것과 마찬가지입니다. 왜냐하면, 이미 하나님 안에 우리에게 필요한 모든 것이 다 들어 있기 때문입니다.

이것을 이해하기 쉽게 한 예를 들어 보겠습니다. 제가 미국에 유학 가서 풀러신학교 기숙사에서 살았을 때입니다. 그때 큰딸 아이가 세 살쯤 되었을 때인데 아이 엄마가 바쁜 일이 있어서 아이를 아랫집 목사님 댁에 잠시 맡겨 둔 일이 있었습니다. 그때 제가 집에 있었는데 학교 과제 마감 시간이 바빴기 때문에, 괜찮다고 했는데도 아랫집 목사님 부부가 자원해서 그 애를 맡아 주었습니다.

그래서 제가 그분들께 아이가 울면 연락하라고 말씀드리고 컴퓨터 앞에 앉아 있는데 한참 있다가 보니 어디서 애 우는 소리가 들리는 것입니다. 멀어서 잘 들리지는 않았지만 아무리 생각해도 우리 집 아이 울음소리 같았습니다. 그래서 안 되겠다 싶어서 그 목사님 댁에 뛰어갔더니 아이가 집이 떠나가라고 울고 있고 목사님 부부는 당황해서 어쩔 줄 몰라 하고 있는 것입니다.

그런데 신기한 것은 제가 문을 열고 들어서자마자 저를 보는 순간 아이가 울음을 딱 그치는 것입니다. 그것을 보고 목사님이 너무 신기해하는 것입니다. 아이가 울면 우리 집에 전화를 해야 하지만 어떻게든 달래 보려고 목사님이 아이 앞에서 원맨쇼를 하고 비디오를 틀어 주고 사탕을 갖다 주어도 아이는 돌아보지도 않고 울기만 했는데 아빠가 나타난 순간 울음을 딱 그쳤다는 것입니다. 그래서 너무 신기하다는 것입니다.

바로 그것입니다. 아이는 아빠가 사탕을 갖고 오거나 맛있는 것을 가지고 와서 울음을 그친 것이 아닙니다. 그저 아빠가 다시 나타난 것으로 충분한 것입니다. 생전 처음으로 남의 집에 맡겨 놓았으니 아이가 당황한 것입니다. 아빠가 없어졌기에 자신은 이제 잃어버려진 존재라고 생각했는데 아빠가 나타났으니 이제 다 된 것입니다.

더는 아무것도 걱정할 것이 없습니다. 아빠를 만남으로 모든 것이 해결되었기 때문입니다. 앞으로 필요한 것이 있으면 아빠가 다 제공해 줄 것입니다. 아이에게는 그저 아빠를 만난 것으로 모든 것이 다 채워진 것입니다.

다윗이 "여호와는 나의 목자시니 내게 부족함이 없으리로다."라고 할 때의 의미가 바로 그런 것입니다. 우리 인간은 길 잃고 방황하는 양과 같습니다. 양에게 있어서 양의 모든 문제의 해답은 목자를 만나는 것입니다. 그와 마찬가지로 양과 같이 길을 잃고 방황하는 우리 인생들의 모든 문제에 대한 해답은 목자되신 하나님을 만나는 것입니다.

여호와 하나님을 목자로 만나게 되면 이제는 아무것도 걱정할 것이 없습니다. 하나님께서 우리의 모든 필요를 다 채워 주시고 우리의 생명 호흡이 다하는 날까지 함께해 주실 것이니 더 두려워할 것이 무엇이 있겠습니까?

여러분은 하나님을 영혼의 목자로 만났습니까? 그렇다면 여러분은 이제 더는 외로운 존재가 아닙니다. 왜냐하면, 여러분은 자신의 창조주를 만났고 인생의 목적을 발견했기 때문입니다. 목자 되신 하나님께서 인생의 모든 여정마다 여러분을 인도해 주실 것이고, 필요를 따라 좋은 것으로 채워 주실 것이기 때문에 이제 더는 아무것도 두려워할 것이 없습니다.

이런 이야기가 있습니다.

주일학교 선생님 한 분이 병으로 죽어가고 있는 자기 반 학생 하나를 심방을 하게 되었습니다. 죽음을 맞이한 그 어린 영혼을 어떻게 도와야 할지 생각에 잠겨 있던 선생님은 떠나기 전에 이렇게 말했습니다.

"여호와는 너의 목자가 되신다는 사실을 기억해라."

그리고 그 선생님은 주일학교 선생님답게 그 아이가 이 말씀을 잘 기억하게 하려고 손가락을 펴서 한 손가락에 한 마디씩 외우게 했습니다.

"The / Lord / is / my / shepherd."

몇 번 되풀이하던 소년은 약지 손가락을 자신의 다른 손으로 잡으면서 "나의 my 목자, 나의 목자."라는 말을 되풀이했습니다.

다음 날 아침 그 어린 소년은 잠에서 깨어나지 못하고 숨을 거두었습니다. 그리고 그 소년의 부모는 자신의 아이가 네 번째 손가락을 여전히 꼭 쥔 채로 죽어 있는 모습을 보았습니다.

기독교는 일대일의 관계를 강조합니다. 여호와는 '우리의 목자'가 아닙니다. 여호와는 '나의 목자'가 되어야 합니다. 여호와가 다윗의 목자가 되는 것만으로는 부족합니다. 여호와가 내 남편의 목자, 내 아내의 목자, 혹은 내 아버지나 어머니나 친구의 목자가 되는 것만으로는 부족합니다. 여호와는 '나의 목자'가 되어야 합니다.

시편 23편의 여호와 하나님을 자신의 개인적인 목자로 아직 만나지 못한 사람은 너무나 불쌍한 사람입니다. 그는 길 잃은 양입니다. 그를 인도해 줄 목자가 없습니다. 그는 외로운 양입니다. 이 험한 세상을 살아가면서 자신을 보호해 줄 목자가 없습니다. 그리고 그는 불쌍한 양입니다. 때에 따라 그에게 필요한 것을 공급해 줄 목자가 없기 때문입니다.

린 앤더슨Lynn Anderson이란 분이 시편 23편의 목자시를 목자를 빼놓고 다시 읽어 보았습니다. 그랬더니 너무나 비참한 시가 되었다고 합니다. "An Un-Psalm 23"*라는 시입니다.

여호와를 나의 목자로 만나지 못하였으니
내게 부족한 것밖에 없도다.
나를 푸른 초장으로 데려갈 분도 없고
쉴 만한 물가로 인도할 분도 없으니
내가 쉬지 못하고 목말라 하는도다.
나의 답답한 영혼을 소생시키실 분도 없고,
나를 의의 길로 인도하실 분도 없으니
내가 어디로 가야 할지 모르는도다.
내가 사망의 음침한 골짜기로 다닐 때마다 해를 두려워하는 것은
그 누구도 나를 돌보는 분이 없기 때문이라.
내게 상을 베푸시는 자도 없으며 오직 원수들이 나를 둘러쌌도다.

나의 머리에 기름을 발라 주는 분도 없고
나를 위로해 주는 분도 없으니 내 잔이 텅텅 비었나이다.
나의 평생에 실망과 허탈감만이 정녕 나를 따르리니
내가 앞으로 영원히 거할 집이 없음이로다.

여호와 하나님이 나의 목자라는 사실이 얼마나 축복된 사실입니까. 이 험한 세상에서 나를 눈동자같이 사랑하시고 나의 인생의 굽이굽이마다 나를 지켜봐 주시고 보호해 주시겠다고 약속하시는 그분이 있다는 사실이 나에게 얼마나 눈물 나게 감사한 일입니까.

이 시편을 쓴 다윗은 그 사실을 경험했습니다. 사실 다윗은 외로운 존재였습니다. 사실상 양치기라는 직업이 얼마나 외로운 직업입니까? 아무도 없는 산속에서 몇 달씩 오직 양들하고만 지내야 하는 직업입니다. 거기에다가 다윗은 막내라서 무시당하는 삶을 살았습니다.

성경에 사무엘이 하나님의 지시를 받고 왕이 될 사람을 찾아 기름을 붓기 위해 다윗의 아버지 이새의 집에 찾아갔는데 이새는 자기 아들을 모두 다 불러서 사무엘 앞에 세우면서 정작 막내인 다윗은 아예 부르지도 않았던 것을 볼 수 있습니다. 사무엘이 지금 이 아들들 외에 다른 아들이 없냐고 물어보니까 그제야 바끝에서 양을 치고 있던 다윗을 불러 왔습니다. 사무엘이 이야기하기 전까지는 아무도 다윗이 없는 것에 대해서 신경 쓰지 않았습니다. 그만큼 다윗은 집안에서 무시당하는 존재였습니다.

어릴 때부터 유난히 외롭게 자랐던 다윗이기에 양들을 치면서 외로움을 많이 느꼈을 것입니다. 그러다가 다윗이 어느 순간에 깨달은 사실이 있었습니다. 그것은 바로 하나님께서 그의 목자가 되어 주신다는 사실이었습니다.

양 떼들이 연약하고 두려움이 많은 존재이지만 목자인 다윗이 있어서 든든하듯이, 다윗 자신의 인생도 연약하고 부족한 인생이지만 목자이신 하나님께서 그의 인생을 지켜 주시고 그에게 필요한 모든 것을 공급해 주실 것이니 자신은 두려워할 필요가 없다는 사실을 알게 되었습니다. 이 사실을 깨닫고 나니 다윗은 마음이 든든해졌습니다. 그리고 하나님께서는 다윗이 믿고 의지했던 것처럼 그의 일생을 온전히 책임져 주셨습니다.

여러분은 어떻습니까? 하나님이 여러분의 인생에 진정으로 목자가 되어 주고 계십니까? 한 번 깊이 생각해 보십시오. 우리가 사는 이 세상은 너무나 불안하고 답답합니다. 정치, 경제, 사회 모든 면에서 누구를 의지하고 이 세상을 살아야겠습니까? 우리는 선한 목자 되신 하나님 품을 떠나면 소망이 없다는 사실을 알아야 합니다.

아직 하나님을 선한 목자로 받아들이지 않은 분이 있습니까? 주저하지 말고 속히 하나님을 믿으시기 바랍니다. 하나님은 여러분의 인생의 모든 문제를 해결해 주실 수 있는 분이십니다. 하나님을 목자로 삼은 사람은 더는 방황하지 않아도 되며 더는 고독에 시달리지 않아도 됩니다. 하나님을 목자로 삼은 사람은 참으로 행복합니다. 여러분도 이런 사람이 되시기 바랍니다.

2

지친 영혼을 위한
치료제

"그가 나를 푸른 풀밭에 누이시며
쉴 만한 물가로 인도하시는도다."
_ 시편 23:2

피곤함에 지친 현대인

시편 23편 1절이 고독한 현대인들을 위한 영혼의 목자로서의 하나님을 소개해 준다면, 2절의 말씀은 영적으로 지친 우리를 '참된 쉼과 안식'으로 이끌어 주시는 목자로서의 하나님을 소개해 줍니다.

하나님은 우리에게 쉼을 주시는 하나님이십니다. 하나님은 우리를 '푸른 초장과 쉴 만한 물가'로 인도하시는 그런 하나님이십니다. 하나님이 그렇게 하시는 이유는 하나님께서는 인간에게 있어서 쉼이 얼마나 중요한 것인지를 아시기 때문입니다. 쉼의 중요성에 대한 다음과 같은 시가 있습니다. "지금은"* 이라는 제목의 시입니다.

> 방글방글 웃고 있는 아기를 보고도 마음이 밝아지지 않는다면
> 지금은 쉴 때입니다.
> 식구들 얼굴을 마주 보고도 살짝 웃어 주지 못한다면
> 지금은 쉴 때입니다.
> 아침에 눈을 떴을 때 창문을 비추는 아침 햇살이
> 눈부시게 느껴지지 않는다면
> 지금은 쉴 때입니다.

사랑하는 사람의 하루가 궁금하지 않고
전화도 기다려지지 않는다면
지금은 쉴 때입니다.
오랜만에 걸려 온 친구의 전화를 받고
'바쁘다'는 말만 하고 끊었다면
지금은 쉴 때입니다.
아름다운 음악을 들으면서도 마음에 감동이 흐르지 않는다면
지금은 쉴 때입니다
슬픈 영화나 연속극을 보아도 눈물이 나오지 않고
극본에 의한 것이라는 생각이 든다면
지금은 쉴 때입니다
오래된 사진첩을 넘기다가
반가운 얼굴을 발견하고도 궁금하지 않는다면
지금은 쉴 때입니다
친구가 보낸 편지를 받고
그것을 끝까지 읽지 않거나 답장을 하지 않는다면
지금은 쉴 때입니다
사랑하는 사람과 헤어진 뒤 멀어지는 뒷모습을 보기 위해
한 번 더 뒤돌아보지 않는다면
지금은 쉴 때입니다

아침과 저녁이 같고, 맑은 날과 비 오는 날도 같고,
산이나 바다에서 똑같은 느낌을 받는다면
지금은 쉴 때입니다
당신은 그동안 참 많은 일을 했습니다.
그러나 가장 중요한 일 한 가지를 하지 않았습니다.
그것은 쉬는 일입니다.

오늘날 현대인은 그 어느 때보다 인생의 피곤함과 고달픔을 많이 느끼며 살아가고 있습니다. 과학과 문명은 발달하여 인간의 생활은 점점 더 편리해져 가지만 사람들 대부분은 더 바쁘고 더 피곤함에 지친 삶을 살아가고 있습니다. 거기에는 여러 가지 이유가 있지만, 무엇보다 자본주의 사회에서 경제적인 문제로 압박을 받고 있으므로 그렇게 되는 경우가 매우 많습니다. 다시 말하면 먹고 사는 문제가 너무 힘들다는 것입니다. 많은 사람이 이토록 열심히 살아도 늘 적자 인생을 면하기 어려운 이유는 부의 지나친 편중으로 인한 문제가 한 원인을 차지한다고 볼 수 있습니다.

미국의 경우를 예로 들어 보겠습니다. 뉴욕대학교 경제학 교수인 에드워드 울프의 저서 『Top Heavy』에 따르면 1990년의 경제 붐 속에 이룩된 어마어마한 미국의 부는 대부분 부자 중의 부자들 손아귀에 들어갔다고 합니다. 1983년부터 98년 사이 임금 소득의 47%는 상위 1%가 차지했으며, 42%는 그다음 19%의 계층의 사람들이 다 차지했다는 것입니다. 달리 말하면 미국 부(富)의 거의 90% 가까이를 20%의 사람들이 다 차지해 버렸다는 것입니다.

그래서, 제가 미국에 살아 보니까, 미국에서 잘사는 사람들은 정말 잘살지만, 대부분 사람들은 정말 힘겹게 살아갑니다. 우리나라는 그래도 아파트가 잘 지어져 있어서 아파트 생활하면 그런대로 자기의 공간을 확보하고 살아갈 수 있지만, 미국은 집들이 얼마나 허술하게 지어졌는지 작은 아파트 같은 데 들어가면 옆집 사람의 숨소리까지 다 들립니다. 게다가 대부분의 집이 목조로 지어져서 그런지 벌레나 곤충들이 얼마나 많은지 모릅니다. 그래서 미국에 7년 살면서 개미, 돈벌레, 바퀴벌레, 도마뱀 등 별별 동물과 곤충들을 다 경험했습니다.

한국도 요즘 집값이 많이 올라서 평생 허리띠를 졸라매고 돈을 벌어도 집 한 채 장만하기가 힘듭니다. 거기에다가 요즘은 남편 혼자 일해서는 안 되고 부부가 맞벌이해야만 겨우 먹고 살 수 있는 그런 시대가 되었습니다. 그러니 마음의 여유를 가지고 쉰다든가 하는 것은 이제 사치에 불과한 것이 되어 버리고 말았습니다.

그래서 이런 재미있는 이야기가 있습니다.

어떤 구두쇠가 지독하게 일하고 돈을 모아서 가게를 하나 장만하게 되었는데 그만 병이 들어서 죽게 되었습니다. 이제 그 사람이 임종할 시간이 되어 온 가족이 다 둘러앉아 그의 임종을 슬퍼하고 있는데 막 죽어가던 그가 갑자기 눈을 번쩍 뜨더니 부인 보고 "당신 왔소?" 그러더랍니다.

그래서 부인이 "예, 저 여기 있어요." 하니까 "아들은?" 하고 물었습니다. 그래서 아들이 급하게 "예, 아버지! 저 여기 있어요." 하니까 구두쇠가 말하기를 "며느리도 왔냐?" 하더랍니다. 그러자 며느리가 "네, 아버님! 저, 여기 있어요." 하고 대답하자 갑자기 소리를 빽 지르면서 "여기에 다 와 있으면 가게는 누가 봐?" 하고 덜컥 죽어 버리더랍니다.

피곤함의 더 깊은 원인

오늘날 많은 사람이 너무나 바쁘고 고단하게 살아가는데, 목사로서 제가 생각하기는 현대인이 깊은 피로를 느끼는 더 중요한 원인은 영적인 문제라고 생각합니다. 다시 말하면 오늘날 사람들이 마음 깊은 곳에서 극심한 피로감을 느끼는 이유는 그들이 하나님을 떠나 있기 때문이라는 것입니다. 이것은 돈의 문제가 아닙니다. 일의 많고 적음의 문제가 아닙니다. 이것은 인간의 실존의 문제입니다.

어떤 사람은 그저 일이 많아서 자신이 피곤하다고 생각합니다. 그래서 주말마다 늘어지게 자면 피로가 풀릴 것으로 생각합니다. 그래서 교회도 안 가고 푹 쉬면서 그저 TV만 죽으라고 봅니다. 그러나 그렇다고 피곤이 풀립니까? 그렇지 않습니다. 그것은 착각입니다. 잠깐의 육체적 피로는 풀릴지 모르지만 그런 사람은 영혼의 피로가 더 쌓여 갑니다. 왜냐하면, 그는 하나님을 그의 목자로 만나지 못했기 때문입니다. 사실상 그런 사람에게는 하나님이 아니라 TV가 자신을 인도하는 목자입니다. 그래서 시편 23편을 패러디한 다음과 같은 시가 있습니다.

TV는 나의 목자시니 내가 심심함이 없으리로다.
그가 나를 푹신한 소파에 누이시며 멸망의 길로 인도하시는도다.
내 영혼을 소멸시키시고 자기 이름을 위하여
쇼와 오락의 길로 나를 인도하시는도다.
내가 사망의 음침한 골짜기로 다닐지라도 해를 두려워하지 않을 것은
TV께서 나와 함께하심이라.
TV의 리모컨과 모니터가 나를 안위하시나이다.
TV께서 나로 세상의 잡다한 것을 무수히 알게 하시고

하나님의 말씀에서 멀어지게 하시며 기도의 시간마저 빼앗아 가시니
내 머리통이 텅텅 비어 가나이다.
나의 평생에 웃기심과 재미있음이 정녕 나를 따르리니
내가 TV 옆에 영원히 거하리로다.

우리가 분명히 알아야 할 것은 인간은 하나님을 만나야만 인간의 실존적인 피로가 풀어진다는 사실입니다. 그래서 어거스틴은 그의 『참회록』에서 "오, 하나님, 내가 당신을 만나기 전까지는 나의 영혼 속에서 참된 안식이 없었나이다."라고 이야기했습니다.

즉 하나님을 만나지 못한 인생은 뭔가를 얻기 위하여 열심히 노력하고 애쓰지만 결국 인생의 참된 의미와 목적을 발견하지 못하기 때문에 늘 피곤하며 쫓기는 삶을 살고 인생의 진정한 만족과 쉼을 누리지 못한다는 것입니다.

미국에서 가장 성공한 만화가로 일생을 풍미했던 랠프 배턴이라는 사람이 있습니다. 이 사람이 60회 생일날 친구들에게 이렇게 고백했습니다.

"나는 남부럽지 않게 돈도 벌어 보았고 명성도 얻었다. 인기도 가졌다. 그리고 세계 곳곳의 명승지마다 별장이 있고 또 때를 따라 아내

도 바꾸어 보았다. 그러나 육십 평생에 단 하루도 내 마음의 피로가 풀린 날이 없었다."

하나님 없는 인생은 왜 이렇게 피곤할까요? 그 이유는 하나님이 없으면 우리 인생은 헤매는 인생이 되기 때문입니다. 인간은 양과 같은 존재입니다. 그러므로 목자이신 하나님을 만나지 못하면 길 잃은 양이고 헤매는 양이 됩니다. 따라서 그런 인생은 피곤할 수밖에 없습니다. 여러분은 길을 잃어본 경험이 있으십니까? 길을 잃어서 길을 찾으려고 돌아다니면 얼마나 피곤합니까? 하나님 없는 인생이 그런 것입니다. 그래서 무척 피곤한 것입니다.

그리고 하나님 없이 사는 인생이 피곤한 이유가 또 있습니다. 하나님을 인생의 주인으로 삼지 않는 사람은 스스로가 자기 인생의 주인이 되어야 합니다. 여러분 스스로가 인생의 주인이 되어야 한다고 생각해 보십시오. 얼마나 피곤합니까? 모든 것을 자기가 다 알아서 결정해야 하고 또 그에 대한 책임을 스스로 다 져야 하니 얼마나 피곤하고 힘든지 모릅니다.

그래서 솔로몬 왕은 인생에 대하여 다음과 같이 말했습니다.

"모든 만물이 피곤하다는 것을 사람이 말로 다 말할 수는 없나니 눈은 보아도 족함이 없고 귀는 들어도 가득 차지 아니하도다(전 1:8)."

이 말이 진리입니다. 하나님을 떠나 살면 결국 이렇게 피곤하고 곤고해질 수밖에 없습니다.

이것은 마치 집을 나간 탕자가 흥청망청 즐기고 놀았지만 결국 삶이 곤고하고 피곤해진 것과 비슷합니다. 아버지 품을 떠난 탕자는 처음에는 인생이 즐겁고 재미있었습니다. 그러나 결국 자신이 가진 것들이 다 떨어졌을 때 그의 삶이 곤고하고 힘들어졌습니다. 우리 인간들도 마찬가지입니다. 많은 것을 누리고 즐기고 또 여러 가지 일을 하는 것으로 보이지만 결국은 하나님 없는 인생은 한계를 느끼고 피곤해집니다. 그래서 예수님은 우리를 초청하실 때 먼저 쉼을 약속하셨습니다.

마태복음 11장 28-29절에 "수고하고 무거운 짐 진 자들아 다 내게로 오라 내가 너희를 쉬게 하리라 나는 마음이 온유하고 겸손하니 나의 멍에를 메고 내게 배우라 그리하면 너희 마음이 쉼을 얻으리니."라고 말씀하셨습니다. 여기에서 예수님이 "쉬게 하겠다."라고 하시는 말씀은 아무 일도 안 하고 먹고 놀게 해 주겠다는 말씀이 아닙니다. 사실 이 '쉼'의 초청 뒤에 자세히 보면 오히려 "나의 멍에를 메라."는 일거리를 주시는 것을 볼 수 있습니다.

사실 신앙생활 한다는 것이 그렇습니다. 예수님을 믿고 나면 쉼을 얻기보다는 오히려 새로운 멍에가 더 주어집니다. 예수님을 믿는다고 세상일에 면제받고 이 땅에서 천국의 삶을 누리는 것은 아닙니다. 예수님을 믿어도 세상일은 세상일대로 다 해야 하고 거기에다가 신앙생활을 안 했으면 안 해도 될 일을 또 해야 합니다.

신앙생활을 안 했으면 일요일은 푹 쉬고 잘 수 있는데 주일날 교회에 나와서 예배드리고 봉사해야 합니다. 예수님 앞으로 나오면 쉼은커녕 인간적으로는 더 바빠집니다. 그래서 예수 믿는 사람은 부지런해야 하고 또 보면 대체로 부지런합니다. 게으르고 빈둥대는 사람은 귀찮아서라도 신앙생활을 못합니다. 그래서 신앙생활을 열심히 하는 사람은 피곤해서 더 일찍 죽을 것 같은 생각이 듭니다.

그런데 참 이상한 것이 있습니다. 생명 보험 회사에서 사람들을 조사해 보니까 기독교인들이 일반인들보다 평균 7년은 더 오래 산다고 합니다. 그 이유가 무엇입니까? 물론 신앙생활을 잘하면 술과 담배를 안 하고 절제된 삶을 사는 데도 그 원인이 있지만 저는 그것보다 더 중요한 것은 예수 그리스도 안에서 진정한 안식과 쉼을 누리는데 그 이유가 있다고 생각합니다.

예수님의 쉼은 영혼의 안식입니다. 사람은 영혼이 평안해야 모든 것이 다 편안해지는 것입니다. 물론 예수님을 믿는 사람들도 바쁘고 힘든 것은 사실이지만 그 마음속에 진정한 평안과 쉼이 있습니다. 뭔가에 쫓기는 것 같은 마음이 없어지고 불안하고 두려운 마음이 없어집니다. 자신의 인생길을 인도해 주는 목자를 만났기 때문입니다. 그래서 스트레스를 받지 않고 염려, 근심, 걱정, 불안이 없어지니까 자연히 오래 살게 되는 것입니다.

저는 언젠가 「가이드포스트」에서 은혜로운 글을 하나 읽은 적이 있습니다. 늘 뭔가 불안하고 쫓기는 삶을 살던 사람이 하나님을 만나고 진정한 평안을 얻은 내용입니다.

이 이야기의 주인공은 최세웅, 신영희 부부입니다. 남편인 최세웅 씨는 북한의 외환 딜러로서 김정일의 총애를 받던 사람이고 부인인 신영희 씨는 북한의 유명한 만수대 무용단의 무용수 출신입니다.

그런데 이 부부가 영국에서 살다가 극적으로 한국으로 망명하게 되었습니다. 그러나 한국에 들어와서도 늘 북한의 보복이 두려워서 떨면서 살고 있었습니다. 그러다가 그들 부부는 주위 사람들의 손에 이끌려 교회를 다니게 되었습니다. 그러나 그들의 마음속에 믿음은 없었습니다. 그러던 중 남편 최세웅 씨가 이상한 꿈을 꾸었습니다.

꿈속에서 자신의 온몸에 있던 살점들이 다 떨어져 나가 뼈만

남았는데 날은 점점 어두워지고 구름이 몰려오고 있었습니다. 꿈속에서 해골만 남은 그는 구름 속에 파묻혀 있었습니다. 그때 어디선가 갑자기 빛살이 쏟아지고 뼈뿐인 그의 몸에 다시 살점이 돋아나기 시작했습니다. 그리고 어디선가 나타난 말에 그가 올라타자 또다시 찬란한 빛이 그를 비추기 시작했습니다.

그는 이러한 이상한 꿈을 연속으로 두 번 꾸었습니다. 누군가 그에게 에스겔서에 그와 비슷한 이야기가 있다고 했지만, 그는 무시했습니다. 왜냐하면, 그는 깊은 신앙이 없었기 때문입니다. 그뿐만 아니라 그의 마음속에는 한국에서 금융사를 차려 어떻게든 큰돈을 벌어 보고자 하는 불타는 야심이 있었습니다.

그로 인한 지나친 스트레스 때문인지 그는 그 꿈을 꾸고 정확히 2년 후에 갑자기 쓰러져 병원으로 실려 갔습니다. 연락을 받고 달려온 부인 신영희 씨에게 담당 의사가 뇌수술에 실패했으니 살아날 확률은 50%이고 살아나도 식물인간이 된다는 말을 했습니다. 그러자 부인은 눈물로 하나님께 매달리기 시작했고 최세웅 씨는 그 순간 신기한 경험을 하게 됩니다.

그 시간 그는 의식을 잃고 누워 있는 상태에서 누군가 그의 목을 심하게 조이는 것을 느끼고 있었습니다. 아무리 발악을 해도 거센 손은 그를 놓아주지 않고 더 깊이 조여 가고 있었습니다. 혼수상태에서도 그는 자신이 죽어가고 있는 것을 분명히 느끼게 되었습니다. 그때였습니다. 그의 앞에 갑자기 빛이 나타났습니다. 그리고 구름이 물러가고 환한 빛이 나타나 자신의 온몸을 비추는 것을 느꼈습니다. 그러자 그의 목을 조르던 힘이 사라졌고 그는 숨을 쉬고 눈을 뜰 수 있었습니다.

그는 눈을 뜨자마자 말을 했고 침대에서 일어났으며 그다음 날 외출할 수 있었습니다. 이 사건으로 그는 하나님을 분명하게 만났습니다.

다음은 그가 하나님을 만나고 난 뒤에 한 고백을 글로 적은 것입니다.

"모든 것이 편안하기만 하다. 원망도, 야망도 다 사라졌다. 모든 것은 하나님께서 주관하시고 결정하실 일이기 때문이다. 하나님을 만나지 못했다면 난 끝없는 욕망 속에서 파멸되어 갔을 것이다. 이제 내겐 참된 삶만이 중요하다. 더는 금융사 사장이나 과거의 지위 따위는 아무런 의미가 없다. 힘겨운 일이 생겨도 두렵지 않다. 신변에 대한 불안감도 사라졌다. 하나님의 보호하심이 없다면 경찰 천 명이 에워싼다 해도 날 지킬 수 없을 것이다. 내가 오늘 저들의 총에 죽을 수도 있다. 그러나 그렇다고 해도 그건 공산주의자가 내게 총을 쏴서 죽는 것이 아니다. 하나님께서 내가 필요하므로 데려가시는 것일 뿐이다. 그러기에 오늘도 나는 행복할 수 있다."

그의 고백이 보여 주는 것이 무엇입니까? 하나님을 바로 만난 사람은 더는 쫓기는 삶을 살지 않게 된다는 것입니다. 인생의 주인이신 하나님을 만났기에 그는 이 세상 모든 것을 초월하는 영혼의 평안을 누리게 된 것입니다.

안식의 시간을 확보하라

영혼이 누리는 깊은 만족과 안식을 다윗은 시편 23편 2절에서 그림 같은 언어로 표현해 놓았습니다.

"그가 나를 푸른 풀밭에 누이시며 쉴 만한 물가로 인도하시는도다."

양을 잘 아는 목자들의 이야기를 들어보면 양들은 기본적으로 잘 눕지 않는다고 합니다. 양들은 자기방어 수단이 없으므로 이리나 곰 같은 동물이 나타나면 달아나는 것 외에는 다른 대처 방법이 없습니다. 그러므로 양들이 누워 쉬기 위해서는 두 가지 조건이 만족 되어야 합니다.

첫째는 두려움으로부터 자유로워야 하고, 둘째는 배고픔에서 벗어나야 합니다. 양들이 두려움에서 벗어나기 위해서는 그들의 눈에 목자가 보여야만 합니다. 즉 그들은 자신의 보호자인 목자가 함께 있다는 것을 느낄 때만 안식을 누린다는 것입니다. 또한 목자가 그들에게 풍성한 꼴을 주어 배불리 먹이고 신선한 물을 마시게 해야만 만족감을 느끼며 쉰다고 합니다.

우리들의 삶도 마찬가지입니다. 우리가 하나님을 만났다면 인생의 근본 문제를 해결한 것이고 그로 인하여 마음속 깊은 곳에는 진정한 평화와 안식이 자리 잡게 됩니다. 그런데 만약 그리스도인이면서도 현재 그런 안식을 마음 깊은 곳에서 누리지 못하고 있는 사람이 있다면 문제는 둘 중의 하나라고 볼 수 있을 것입니다.

첫째는 자신의 목자 되신 주님을 늘 가까이 느끼며 동행하지 못함으로 아직 삶에 대해 두려움이 자신을 지배하고 있기 때문입니다. 그리고 또 하나는 주님과 교제하며 누리는, 주님이 주시는 풍성한 은혜의 꿀을 먹지 못하고 있기 때문일 것입니다.

그러므로 주님을 믿는다고 하면서 내 마음에 평안과 안식이 없다면 다시 한번 자신을 돌아보아야 합니다. 나는 목자 되신 주님의 임재를 느끼며 사는지, 또 주님의 말씀을 날마다 섭취하며 영적 포만감을 누리며 살아가고 있는지를 살펴보아야 합니다.

주님은 우리가 주님과의 영적 관계를 통하여 주님이 주시는 평안함과 쉼을 누리기를 원하십니다. 이를 위하여 주님은 우리를 쉴 만한 물가로 인도하여 가시기를 원하십니다. 양에 관하여 아는 사람의 이야기를 들어 보면 양들은 급하고 세게 흐르는 물은 마시지 못한다고 합니다. 양은 입과 콧구멍 사이의 간격이 너무나 짧으므로 물살이 센 곳에서 물을 마시려고 하다가는 물이 콧구멍으로 흘러 들어가 질식사할 수도 있다는 것입니다.

그리고 양이 흐르는 물을 싫어하는 또 하나의 이유는 양은 수영을 하지 못한다는 것입니다. 일반적으로 동물들이 수영을 잘 합니다. 개헤엄이 있지요? 그리고 홍수가 나면 돼지도 빠지지 않고 둥둥 떠내려갑니다. 그런데 양은 물에 빠지면 끝장입니다. 그 이유는 양의 온몸을 감싸고 있는 긴 털 때문에 물에 빠지면 양의 털 자체가 스펀지 역할을 하여 그 몸을 깊은 물 속으로 가라앉게 만들기 때문입니다. 따라서 양은 흐르는 물에 대한 공포심을 가지고 있습니다.

그러므로 양에게 물을 먹이려면 될 수 있는 대로 흐르는 물을 막아 잔잔한 물웅덩이를 만들어 주어야 합니다. 물론 물살이 아주 세지 않으면 양들도 흐르는 물에서 물을 마시는 예도 있지만, 일반적으로 흐르는 물을 막아줄 때 양들은 훨씬 편안한 마음으로 물을 마실 수 있게 되는 것입니다. 그래서 본문에 나오는 '쉴 만한 물가'가 원어로 보면 'still water' 즉 '움직이지 않는 물'이라는 의미를 가지고 있습니다.

이것이 주는 영적인 교훈은 분명합니다. 우리는 이것저것 세상의 분주한 일들에 쫓겨 다니면 하나님의 음성을 들을 수 없습니다. 그러므로 내가 하나님의 음성을 듣기 위해서는 반드시 세상의 흐름 가운데서 빠져 나와 조용히 하나님을 만날 수 있는 그런 시간을 확보해야 합니다. 이것이 '움직이지 않는 물'과 같은 '조용한 시간' 즉 'Quiet Time$_{QT}$'입니다.

그리스도인은 자기 삶의 한 부분에 조용한 물가와 같은 시간과 장소가 있어야 합니다. 그것이 새벽에 하는 큐티 시간이어도 좋고 점심시간에 하는 성경읽기 시간이라도 좋습니다. 그것이 안 되면 저녁에 자기 전에 말씀을 읽고 기도하는 시간을 가져도 좋습니다. 중요한 것은 분주한 일상사에서 벗어나 하나님의 임재를 느끼고 그분의 말씀으로 우리의 주린 영혼을 채울 수 있는 고요한 영혼의 물가가 반드시 있어야 한다는 것입니다.

그리스도인은 부지런해야 합니다. 그러나 우리가 바쁘게 사는 것은 좋지만 그것 때문에 하나님을 잊어버리고 나의 영혼이 영적인 쉼을 누리지 못하는 상태에 있을 정도로 바쁘다면 그것은 정말 문제가 되는 것입니다. 이런 말이 있지 않습니까?

"우리가 너무 바빠서 기도하지 못한다면 우리는 정말 너무 바쁜 것이다."

마귀가 하는 일이 무엇입니까? 마귀는 우리를 너무나 분주하고 바쁘게 만들어서 정말 중요한 것을 못하게 만듭니다. 특별히 하나님과 은밀하고 조용한 시간을 갖지 못하게 합니다. 그러나 그렇게 되어서는 안 됩니다. 우리의 인생에는 반드시 쉼표가 있어야 합니다. 그래서 이런 이야기가 있습니다.

어느 여인이 화가 나서 담임 목사님에게 전화를 걸어 이렇게 말했습니다.

"목사님, 제가 월요일 날, 목사님과 통화하려고 온종일 전화를 걸었는데 통화가 되지 않았습니다."

목사님은 이렇게 대답했습니다.

"월요일은 제가 쉬는 날입니다."

그러자 그 여인은 "사탄은 하루도 쉬는 날이 없는 것을 아십니까?" 하고 말했습니다.

이 말에 목사님이 대답하시기를 "저는 사탄처럼 되기를 원하지 않습니다."라고 했다는 것입니다.

그렇습니다. 사탄은 우리를 무조건 몰아붙이고 정신없이 바쁘게 만듭니다. 여러분을 은혜의 초장으로, 생수의 강가로 인도하고자 하시는 하나님의 음성을 듣지 못하게 하기 위해서입니다. 그러므로 여러분은 자신의 영적 상태를 살펴보아야 합니다. 나의 삶에서 지속적인 하나님과의 영적 교제의 시간이 있는가를 확인해 보아야 합니다.

하나님은 여러분을 푸른 초장으로, 쉴 만한 물가로 인도하시기를 원하십니다. 그러나 그분은 그 일을 억지로 하시지는 않습니다. 이런 말이 있습니다.

"마귀는 몰아붙이지만, 하나님은 부드럽게 인도하신다."

그렇습니다. 선한 목자이신 예수님은 자신을 '마음이 온유하고 겸손하신' 분으로 소개했습니다. 그러므로 기어코 가지 않으려고 하면 하나님은 강제로 우리를 푸른 초장이나 쉴 만한 물가로 인도하실 수 없습니다.

그러므로 여러분이 노력해서 수시로 그분 앞으로 나와야 합니다. 푸르고 푸른 말씀의 꼴을 사모해야 합니다. 그리고 목마른 사슴처럼 은혜의 생수를 날마다 갈망해야 합니다. 이를 위하여 이른 아침이나 조용한 시간에 하나님과 교제하는 것을 삶의 최우선 순위에 놓아야 합니다. 그렇게 될 때 여러분은 다시 한번 이 힘들고 복잡한 세상 가운데 영혼 깊은 곳에서 올라오는 참된 안식과 쉼을 누릴 수 있을 것입니다.

양은 목자를 만나야
쉼을 얻을 수 있습니다.

인생은 하나님을 만날 때
참된 쉼을 얻습니다.

3

낙심한 영혼을 위한 치료제

"내 영혼을 소생시키시고 자기 이름을 위하여
의의 길로 인도하시는도다."
_ 시편 23:3

마음이 낙심한 현대인들

우리 인생은 목자 되신 하나님을 인격적으로 만나면 고독의 병이 치유될 수 있습니다. 또한 목자 되신 하나님의 손길을 따라 푸른 초장과 쉴 만한 물가로 나가게 되면 지친 영혼에 안식을 얻을 수 있습니다. 그리고 낙심한 영혼이 있다면 "내 영혼을 소생시키시고 자기 이름을 위하여 의의 길로 인도하시는" 하나님을 통해 그 영혼이 소생될 수 있습니다.

오늘날 현대인 중 많은 사람이 과거보다 더욱더 마음이 낙심한 상태로 살아가고 있습니다. 과거 어느 때보다 사람들이 더 많은 우울증약을 복용하고 살아가고 있으며 불면증으로 고생하고 있습니다. 이같이 사람들이 마음에 많은 절망을 안고 살아가는 이유는 지금 이 시대가 우리에게 진정으로 기쁨과 소망을 주지 못하기 때문입니다.

제가 어릴 때만 하더라도 21세기가 오면 뭔가 새로운 세상이 올 것 같은 그런 기대감이 있었습니다. 인류 문명이 발달하고 과학 기술이 발달하면 사람들은 서로 협력하여 더욱 살기 좋은 세상을 만들 것으로 기대했습니다. 그러나 21세기가 되었고 유전공학의 발달로 인간까지 복제할 수 있는 세상이 되었음에도 사람들은 더욱더 멀어지고 인간관계는 더더욱 각박해져 가고 있습니다. 더구나 냉전이 종식되고 평화 분위기가 올 것 같았는데 전쟁과 난리와 테러의 소문은 계속 끊이지 않고 있습니다.

그래서 그런지 현대인들은 지금도 그들의 낙심한 심령을 소생시켜 줄 그 무엇인가를 애타게 찾고 있습니다. 아시는 분은 아시겠지만 몇 년 전에 미국의 출판계를 강타한 시리즈가 하나 있었습니다. 소위 말해서 '치킨 수프' 시리즈입니다. 한국어로는 『마음을 열어주는 101가지 이야기』라는 제목으로 번역 소개된 이 책은 잭 캔필드Jack Canfield 와 마크 빅터 한센Mark Victor Hansen 이 쓴 시리즈로 미국 「뉴욕타임스」 190주 연속 베스트셀러라는 경이로운 기록을 세우며 41개 언어로 번역되어 1억 부 이상이 판매되었습니다.

원래 이 치킨 수프라는 것은 미국 사람들이 병이 들면 병을 회복시키기 위해서 할머니나 어머니가 끓여 주시는 '닭죽'을 말합니다. 그래서 책 제목을 치킨 수프로 붙인 것은 병든 사람들이 영양가 있는 '닭죽'을 먹고 금방 일어나듯이 마음에 병이 든 사람들이 이 '치킨 수프 시리즈'를 읽으면 감동하고 낙심한 마음이 금방 회복될 수 있다는 의미입니다. 그래서 이 책에는 사소한 일들로부터 큰일까지 삶에서 일어날 수 있는 여러 가지 감동적인 사건을 소개합니다.

이를테면 이런 내용입니다.

어떤 신실한 장의사가 있었습니다. 그 사람은 평소에 열쇠가 달린 검은색 장부를 가지고 있었는데 사람들은 거기에 무엇이 적혀 있는지 무척 궁금해했습니다.

그러다가 어느 날 장의사가 죽었고 그의 부인이 장례식장에서 그 장부의 궁금증을 풀어 줍니다. 그 장부 안에는 그 장의사가 주관하던 장례식 때 배우자를 먼저 떠나보낸 사람들의 연락처가 적혀 있었습니다. 고인이 된 장의사는 매년 크리스마스이브가 되면 그분들을 자신의 집으로 초대해서 저녁을 함께 먹었다는 것입니다.

대충 이런 식의 이야기입니다. 물론 어느 정도 감동이 되기는 하지만 그래도 어떻게 보면 뭐 그렇게 엄청난 이야기는 아닌 것 같은데 이런 이야기들을 모아 놓은 책이 1억 부 이상 팔리고 있다는 것은 무엇을 말하는 것입니까?

그것은 오늘을 살아가는 수많은 현대인이 자신들의 낙담한 심령을 회복시켜 줄 그 무엇인가를 그만큼 애타게 갈망하고 있다는 사실을 보여 주는 것입니다. 아무리 주위를 둘러보아도 희망이 보이지 않는 이 세상을 살아가기에, 오늘날 수많은 사람이 자신의 낙담한 심령을 새롭게 해 주고 만져 줄 그 무엇인가를 진심으로 찾고 있는 것입니다.

영적 침체에 빠지는 그리스도인들

그런데 문제는 현대인들이 이토록 힘들어하고 괴로워하는 심령의 낙심과 좌절은 믿지 않는 사람들뿐만 아니라 믿는 사람들에게도 찾아온다는 사실입니다. 믿는 사람들에게 찾아오는 영적 낙심이나 영혼의 우울증을 소위 말해서 '영적 침체'라고 이야기합니다. 시편 23편 3절 말씀에 다윗이 하나님께서 자신의 영혼을 소생시켜 주신 사건을 고백하는 것을 보면 다윗도 이러한 영혼의 깊은 침체를 경험해 본 것 같습니다.

다윗의 영적 침체는 아마 밧세바 사건이 있고 난 후에 일어난 것 같습니다. 그가 나라를 평정하고 정국의 안정을 찾을 즈음 왕궁 지붕에서 산책하다가 우연히 목욕하는 밧세바를 발견하게 됩니다. 다윗은 그 여인을 데려와 간음하고 그것도 모자라 밧세바의 남편이자 자신의 충실한 부하인 우리아마저 최전방으로 보내어 죽여 버립니다. 간음죄와 살인죄를 동시에 저지른 것입니다. 정말 성군 다윗이 했다고 보기에는 믿어지지 않는 행동입니다. 그러나 사람은 누구나 이런 악한 면이 있는 것입니다. 그러므로 특별히 자신을 살펴 주의해야 합니다.

어쨌든 이런 일이 있고 나서 다윗은 아무도 모를 것으로 생각하고 감쪽같이 넘어가려고 했습니다. 그러나 이때 하나님께서는 나단이라는 선지자를 보내십니다. 나단은 다윗의 죄악을 분명하게 지적하고 이로 인해 다윗은 하나님 앞에서 눈물로 회개하게 됩니다. 이렇게 다윗은 회개하게 되었는데 이 모든 과정에서 다윗은 엄청난 심령의 답답함을 경험했습니다. 왠지 기도도 안 되고 하나님의 영이 떠난 것 같이 느껴졌습니다. 이것이 소위 말해서 '영적 침체'라는 것입니다.

시편 51편은 그 유명한 다윗의 회개시입니다. 그런데 그 시의 중간쯤에 보면 다음과 같은 다윗의 답답한 심령이 나타나 있습니다.

"하나님이여 내 속에 정한 마음을 창조하시고 내 안에 정직한 영을 새롭게 하소서 나를 주 앞에서 쫓아내지 마시며 주의 성령을 내게서 거두지 마소서 주의 구원의 즐거움을 내게 회복시켜 주시고 자원하는 심령을 주사 나를 붙드소서(시 51:10-12)."

하나님을 믿는 사람들은 한번 구원을 얻으면 그 구원이 취소되지는 않습니다. 그러나 하나님 앞에 죄를 지으면 구원의 감격과 기쁨이 상실될 수는 있습니다. 다윗은 '구원을 회복시켜 달라고' 기도하지는 않았습니다. 그러나 '구원의 즐거움을 회복시켜 달라고' 기도했습니다. 죄를 지음으로 구원받은 자로서의 감격과 기쁨이 사라졌기 때문입니다.

특별히 믿는 사람들의 '영적 침체'는 안 믿는 사람들의 심령의 낙심보다 더 위험하고 심각할 수 있습니다. 안 믿는 사람은 마음이 낙심될 때 좋은 영화나 책을 찾아서 보고, 친구들과 만나 잡담하는 가운데 풀릴 수도 있지만, 믿는 사람의 낙심은 영혼 깊은 곳에서 일어나는 일이고 때로는 죄로 인한 문제이기 때문에 그 정도로는 해결이 되지 않는 경우가 많습니다.

여러분 가운데 혹시 요즘 왠지 교회에 나와도 은혜가 되지 않는 분이 있습니까? 찬양해도 기쁨이 없고 말씀을 읽어도 아무 느낌이 없는 분이 있습니까? 만약 그렇다면 이것을 심각하게 생각해야 합니다. 만약 장기적으로 그런 상태가 계속된다면 여러분은 스스로 위기의식을 느껴야 합니다.

양을 잘 아는 목자들의 이야기를 들어 보면 양은 한번 뒤집히면 스스로 일어나기가 힘들다고 합니다. 양들이 잘못하여 한쪽으로 넘어져서 네발이 다 하늘을 향하게 되면 이때가 양이 가장 위험한 상태입니다. 이 상태에서 양은 외부로부터 오는 공격에 완전히 노출되어 속수무책이 된다고 합니다.

그리고 더 심각한 문제는 양이 버둥거리는 동안에 양의 위(胃)에서 가스가 차올라 몸의 끝부분 즉 사지 부분에 혈액이 잘 순환되지 않아서 결국 몸에 마비 증세가 온다는 것입니다. 이런 상태로 더운 여름에는 몇 시간만 놓아두어도 그 양이 죽을 수도 있다고 합니다.*

그런데 문제는 이럴 때 양은 자신의 힘으로는 도저히 다시 일어설 수 없다는 것입니다. 그러므로 이때야말로 목자의 도움이 필요할 때입니다. 그래서 목자는 양을 치면서 수시로 양을 점검합니다. 그리고 보이지 않는 양이 없는가 살펴봅니다.

만약 눈에 띄지 않는 양이 있으면 십중팔구는 어디에선가 뒤집혀 있을 가능성이 있다는 것입니다. 이때 양을 찾은 목자는 양의 몸을 부드럽게 뒤집어 다시 일으켜 세워 줍니다. 그리고 만약 양이 오랫동안 뒤집혔을 때는 사지를 부드럽게 마사지해서 혈액순환을 회복시켜 양을 구해 줍니다.

우리를 회복시켜 주시는 하나님

이러한 목자와 양의 관계는 그리스도인의 신앙생활에서도 똑같은 원리로 작용합니다. 여러분이 영적으로 침체 상태에 있다고 느낄 때 다른 누군가가 아닌 목자 되신 주님께 나아와야 합니다. 사실상 그분은 우리를 도와주시려고 벌써 옆에 와서 기다리시는 분입니다. 그러므로 주님의 손길에 기꺼이 자신을 맡기고자 한다면 언제나 주님은 기쁘게 다가와서 우리의 메마른 심령을 부드럽게 어루만져 주실 것입니다.

이사야서의 메시아 예언에 예수 그리스도는 어떤 분으로 묘사되어 있습니까? 이사야서 42장 3절에 보면 그분은 "상한 갈대를 꺾지 아니하며 꺼져 가는 등불을 끄지" 아니하는 분이라고 말씀하고 있습니다. 일반적으로 사람의 심리는 어떻습니까? 등불이 꺼져 가고 있으면 그냥 확 불어 꺼버리고 싶은 것이 사람의 심리입니다. 또 갈대가 상해 있으면 그냥 확 꺾어 버리고 싶은 것이 사람의 마음입니다.

그러나 우리의 선한 목자 되시는 주님은 그렇지 아니합니다. 그분은 지금도 상한 심령을 만져 주시고 치료해 주시기를 간절히 원하시는 분입니다. 우리가 아무리 영적으로 바닥까지 내려갔다고 할지라도 주님은 포기하지 아니하십니다. 베드로를 보십시오. 주님을 세 번이나 부인하고 돌이킬 수 없을 정도로 그의 심령은 망가져 버렸습니다. 그러나 주님은 디베랴 바닷가에까지 찾아가셔서 그를 회복시켜 주시고 그에게 다시 사명을 맡겨 주셨습니다.

저는 대학 졸업반 때 개인적으로 대단히 심각한 영적 침체를 경험했습니다. 당시 제가 대학교 4학년 때, 신학교를 가려고 결심했는데 사탄이 이것을 알게 되었는지 저에게 심각한 영적 침체를 가져다주었습니다. 그때 당시 지금처럼 믿음이 그렇게 깊지 못한 상태였는데 다른 것보다 하나님 말씀에 대한 직접적인 의심과 회의가 찾아오는데 정말 엄청난 영적 시험이었습니다.

다른 영적 시험이면 말씀을 통하여 회복될 수 있는데 저 같은 경우에는 성경 말씀 자체가 거부감이 들고 삐딱하게 와 닿는 것입니다.

가령 이런 식입니다. 마태복음 11장 28-29절에 보면 예수님이 "수고하고 무거운 짐 진 자들아 다 내게로 오라 내가 너희를 쉬게 하리라 나는 마음이 온유하고 겸손하니 나의 멍에를 메고 내게 배우라 그리하면 너희 마음이 쉼을 얻으리니."라는 말씀이 있습니다. 그런데 이 말씀을 보면서 그런 생각이 드는 것입니다.

'아니 자기가 자기 자신에게 겸손하다고 하면 이게 어떻게 겸손한 사람이 하는 이야기가 될 수 있는가?'

뭐 이런 식으로 시험이 오는데 좌우간 한 4개월 정도 죽을 고생을 했습니다.

그뿐만 아니라 기도해야 하는데 한 마디도 기도가 나오지 않고 특별히 눈물은 한 방울도 안 나오는 것입니다. 그래서 그때 제가 철야기도에서 울면서 기도하는 분을 보면서 '야, 정말 너무 부럽다. 어떻게 해서 저분은 저렇게 기도하면 눈물이 나오는가?' 이렇게 생각하며 쳐다보았던 기억이 납니다.

하여튼 그때 제가 너무 힘이 들었는데 지금 생각해도 정말 잘

한 것이 하나 있었습니다. 그게 뭐냐 하면 교회에 가기 싫고 기도도 하기 싫었는데 그럴수록 일부러 교회에 더 열심히 나가고 철야기도회에 가서 더 기도하려고 노력했다는 것입니다.

사실 이것이 영적 회복의 열쇠입니다. 영적 침체에 빠진 사람들을 보면 보통 기도하기 싫어지면 기도를 안 하고, 교회에 나가기 싫어지면 교회에 나가지 않습니다. 그러나 사실은 그때가 가장 신앙생활을 열심히 하고 가장 많이 기도해야 할 때입니다. 영어로 "Pray Hard When It's Hard to Pray 기도하기 힘들 때 가장 힘써 기도하라."라는 말이 있습니다.

어쨌든 하나님께서 그런 저를 불쌍히 여겨 주셨는지 그해 마지막 날에 회복의 은혜를 베풀어 주셨습니다. 그해 12월 31일, 송구영신 예배를 드리기 위해서 제가 예배에 참석했는데 그때 저의 교회 담임 목사이신 김덕신 목사님이 성경을 한 구절 읽어 주셨습니다.

목사님은 강대상에서 "이 말씀을 붙잡고 내년 한 해를 살아가십시오." 이렇게 말씀하시면서 시편 55편 22절 말씀 한 구절을 주셨는데 저는 그 순간 신기한 체험을 했습니다. 시편 55편 22절 말씀이 목사님의 입에서 나오자마자 마치 깃털이 달린 화살처럼 저 높은 강대상에서 쏜살같이 날아와서 제 가슴에 박히는 것입니다. 그리고 4개월 만에 제 가슴 깊은 곳에서 한없는 울음이 터져 나오는 것이었습니다.

그 말씀은 "네 짐을 여호와께 맡기라 그가 너를 붙드시고 의인의 요동함을 영원히 허락하지 아니하시리로다."인데 이 말씀이 하나님께서 직접 저에게 주시는 말씀으로 강하게 와 닿았습니다. 특별히 제가 그동안 그토록 신앙적으로 흔들리고 하나님 보시기에 낙심해서 헤매고 있었는데 하나님께서는 그런 저를 여전히 '의인'이라고 칭하여 주시고 '의인인 너를 붙들어 줄 것이고 너의 요동함을 영원히 허락지 아니하시겠다.'라는 그 말씀이 얼마나 큰 은혜로 다가왔는지 모릅니다.

특별히 '요동하도록 허락조차 하지 않겠다.'라는 그 말씀이 저를 온전히 회복시켜 주었습니다.

사실 그 사건이 일어난 지 벌써 수십 년이 지났지만 정말 저는 그 이후로 단 한 번도 흔들린 적이 없습니다. 이렇게 저는 영적 침체 가운데 저를 회복시켜 주시는 하나님의 은혜를 체험했습니다.

회복에 대한 확신

그럼 여기서 한 가지 생각해 볼 것은 하나님께서는 왜 이렇게 수고로이 우리를 영적 침체에서 회복시켜 주시느냐 하는 것입니다. 그것은 믿는 자들이 계속 영적으로 침체하여 허덕이고 있으면 마귀가 우리를 조롱하고 결과적으로 하나님의 이름이 욕되게 되기 때문입니다.

그래서 다윗은 자신이 영적 침체에서 회복된 경험을 "내 영혼을 소생시키시고 자기 이름을 위하여 의의 길로 인도하시는도다."라고 고백합니다.

다윗이 하나님의 사람이라는 사실은 모든 사람이 다 알고 있었습니다. 그런데 다윗이 계속 영적으로 방황하고 힘들어하고 있으면 사람들이 다윗만 손가락질하는 것이 아니라 하나님도 조롱하지 않겠습니까?

우리도 마찬가지입니다. 그리스도인들은 하나님의 양들입니다. 그런데 믿는 사람들이 낙심하여 계속 헤매고 하나님께서 원하시지 않는 길로만 가면 하나님의 이름이 원수들에게 조롱을 받습니다. 그래서 하나님께서는 우리가 낙망하고 좌절하고 헤매고 다니는 것을 언제까지나 지켜보실 수는 없는 것입니다.

그래서 하나님께서는 회복의 손길을 내미시는 것입니다. 우리가 불쌍해서도 그렇지만 우리가 계속 영적인 침체에만 빠져 있으면 하나님의 이름이 욕되게 되기 때문에 하나님께서는 당신의 이름을 위해서라도 하나님의 사람들을 회복시켜 주실 수밖에 없는 것입니다.

그러므로 여러분은 자신의 영혼이 병들었다는 사실을 깨닫는 순간 가능한 한 빨리 하나님 앞에 나와야 합니다. 그러면 하나님께서는 기다렸다는 듯이 우리를 반겨 맞아 주시고 상한 영혼을 치료하여 주셔서 하나님의 이름을 높이는 의의 길로 걸어갈 수 있도록 도와주실 것입니다.

『뿌리 깊은 영성』이라는 책을 시작으로 한국 교계에 영성 작가로서 많은 베스트셀러 작품을 쓰신 강준민 목사라는 분이 계십니다. 제가 미국에 있을 때 LA에서 살았는데 그곳에서 로고스교회를 개척하여 목회를 잘하시다가 몇 년 전에는 LA에서 가장 큰 교회 중 하나인 '동양선교교회'로 부임해 가셔서 교회를 아주 크게 부흥시킨 분입니다. 지금은 LA에 있는 새생명비전교회를 담임하고 계십니다.

그런데 강 목사님이 초창기에 교회를 개척하고 교회가 부흥이 안 되면서 심각한 영적 침체를 경험했다고 고백하는 것을 들은 적이 있습니다. 교회를 개척하여 교회 문만 열면 사람들이 구름 떼같이 몰려들 줄 알았는데 그게 마음대로 안 되니까 마음이 자꾸 낙심되는 것입니다. 나중에는 영적 침체가 왔고 우울증 증세가 와서 고속도로에서 차를 몰다가 그냥 가드레일을 들이받고 죽고 싶었다는 것입니다.

거기에다가 한번은 어느 주일날 열심히 설교를 준비해서 나름대로 최선을 다하여 설교하고 내려왔는데 교회 청년 하나가 "목사님, 그것도 설교라고 하십니까?"라고 했습니다. 그런 소리를 듣고 얼마 후 이분이 설교 준비를 하다가 탈진해서 쓰러지셨습니다. 그래서 병원에 실려 갔는데 병원에서도 별다른 방법이 없는 것입니다. 나중에는 사람에 대해 피해 의식도 생기고, 책도 읽기 싫고 목회하기도 싫을 정도로 아주 심각한 영적 침체를 경험하게 되었습니다. 그래서 거의 탈진 상태까지 갔는데 놀랍게도 하나님께서 어떤 작은 계기를 통해 목사님을 친히 회복시켜 주셨습니다.

목사님이 한번은 교회에서 힘없이 앉아 있는데 교회 청년들이 찬양을 부르는 소리가 들려 왔습니다. 그때 한 자매가 부르는 "날마다 숨 쉬는 순간마다 Day by Day"라는 복음 성가가 가슴 깊이 와 닿기 시작하면서 목사님의 눈에서 하염없이 눈물이 흘러내리기 시작했습니다. 그것이 영적 회복의 시작이었습니다. 그 곡의 가사는 다음과 같습니다.

> 날마다 숨 쉬는 순간마다 내 앞에 어려운 일 보네.
> 주님 앞에 이 몸을 맡길 때 슬픔 없네 두려움 없네.
> 주님의 그 자비로운 손길 항상 좋은 것 주시도다.
> 사랑스레 아픔과 기쁨을 수고와 평화와 안식을.

날마다 주님 내 곁에 있어 자비로 날 감싸 주시네.
주님 앞에 이 몸을 맡길 때 힘 주시네 위로함 주네.
어린 나를 품에 안으시사 항상 평안함 주시도다.
내가 살아 숨을 쉬는 동안 살피신다 약속하셨네.

인생의 어려운 순간마다 주의 약속 생각해 보네.
내 맘 속에 믿음 잃지 않고 말씀 속에 위로를 얻네.
주님의 도우심 바라보며 모든 어려움 이기도다.
흘러가는 순간순간마다 주님 약속 새겨봅니다.

이 곡을 쓴 사람은 캐롤리나 샌델 버그 Carolina Sandell Berg 라고 하는 스웨덴 여인입니다. 그녀가 이 곡을 쓰게 된 계기도 아주 눈물겹습니다. 그녀는 26살 때 어느 날, 목회자인 아버지와 함께 보트를 타고 호수로 나갔습니다. 그런데 그곳에서 그녀는 자신의 아버지가 실족하여 물에 빠져 죽는 사고를 목격하게 됩니다. 자신의 눈앞에서 아버지가 죽었으니 이 자매의 마음이 얼마나 아팠겠습니까? 그러나 이 자매는 그 후 기도하는 가운데 하나님의 위로하심을 체험하고, 하나님께서 날마다 자신의 인생을 도와주심을 확신하고 이 곡 "날마다 숨 쉬는 순간마다"를 지은 것입니다.

하나님은 영적 침체 가운데에서도 우리를 사랑하십니다. 그리고 하나님은 당신의 거룩한 이름을 위해서라도 자신의 백성들이 영적 침체의 고통 가운데서 마냥 허덕이는 것을 허락하시지 않습니다.

그러므로 여러분이 할 일은 겸손히 주님 앞에 나와서 상한 심령들을 내려놓는 것입니다. 하나님은 한마디의 기도, 한 구절의 말씀, 혹은 한 음절의 찬양으로도 우리의 심령을 회복시키실 수 있습니다. 기억하십시오. 회복은 하나님께서 하실 일입니다. 우리는 다만 하나님을 신뢰하고 하나님 앞으로 나아가는 것이 중요합니다.

이 시간 조용히 자신의 심령을 다시 한번 살펴보시기 바랍니다. 혹시 여러분의 심령은 계속되는 삶의 고단함과 분주함으로 인하여 메말라 있지는 않습니까? 세상의 거친 죄악의 물결에 휩싸여 심령이 낙담하여 일어설 힘도 없이 주저앉아 있는 분은 없습니까?

그렇다면 여러분은 지금 그냥 그대로 머물러 있어서는 안 됩니다. 주님의 거룩하신 이름 때문에라도 여러분은 회복되어야 합니다. 이를 위해 힘들더라도 하나님 앞에 나가기를 힘쓰고 하나님께서 주실 회복의 은혜를 소망하십시오. 하나님께서는 여러분을 반드시 새롭게 만들어 주실 것입니다.

4

고난당한 영혼을 위한 치료제

"내가 사망의 음침한 골짜기로 다닐지라도
해를 두려워하지 않을 것은 주께서 나와 함께하심이라
주의 지팡이와 막대기가 나를 안위하시나이다."
_ 시편 23:4

고난이 있는 인생

　오늘날 현대인들은 그 어느 때보다 고난과 역경이 많은 인생을 살아가고 있습니다. 과거 선조들이 당했던 고난은 전쟁이나 대공황 등 크고 굵직한 인생의 어려움들이었지만, 오늘날의 우리 인생에는 그런 것들과는 종류가 다른, 또 그 나름대로 힘든 수없이 많은 고난과 재난의 복병이 숨어 있습니다. 건강의 문제, 가정의 문제, 자녀의 문제 그리고 재정적인 어려움 등 현대인들이 인생길에서 마주칠 수 있는 사망의 음침한 골짜기들은 이루 헤아릴 수 없을 만큼 많습니다.

　여기서 특별히 기억해야 할 사실은 이런 세상의 고난과 어려움은 신앙인들에게도 얼마든지 찾아올 수 있다는 것입니다. 여러분들이 신앙인이고, 하나님의 자녀라고 해서 이런 고난이 자동으로 면제되지는 않습니다. 그러나 여기서 한 가지 중요하게 알 필요가 있는 것은 믿는 사람들도 고난을 겪는다고 해서 세상의 안 믿는 사람들과 똑같은 차원에서 고난을 겪는 것은 아니라는 사실입니다.

　하나님께서는 믿는 사람들에게는 분명한 목적과 계획 가운데서 고난의 깊은 골짜기를 허락하시는 것입니다. 이것을 좀 더 잘 이해하기 위해서는 왜 목자가 자신의 양들을 "사망의 음침한 골짜기"로 인도하는지 그 배경을 이해할 필요가 있습니다.

사망의 골짜기로 양 떼를 인도하는 목자

목자는 양을 진심으로 사랑하고 아끼는데 왜 양들을 사망의 음침한 골짜기로 이끌어 갈까요? 이 부분은 목자와 양들의 상황을 잘 알지 못하면 도무지 이해할 수 없는 부분입니다. 목자들의 이야기에 따르면 목자들이 양을 험난한 골짜기로 이끌어 가는 데는 분명한 이유가 있다고 합니다. 여름철에는 낮은 산지에는 풀이 없으므로 목자들은 양 떼들을 높은 곳에 있는 여름 방목장으로 이동시킬 필요가 있다는 것입니다. 이것은 길고 험난한 여정이지만 꼭 필요한 여정이라는 것입니다.*

양들은 목자에게 이끌려 풀을 뜯어 먹으며 서서히 진행하여 점차 눈이 녹아 가는 산지로 올라갑니다. 골짜기를 따라 산지로 올라갈수록 점점 싱싱한 풀이 있는데 양 떼들에게는 이때가 가장 긴장해야 할 때라고 합니다. 이 골짜기 길에는 사납게 넘쳐흐르는 강들과, 눈사태와 굴러 내리는 바위들과 양 떼에게 갑자기 습격해 오는 맹수들과 진눈깨비와 우박과 눈을 동반한 무서운 폭풍 등의 위험이 언제나 존재하고 있기 때문입니다.**

또한 이 골짜기 길에는 빛이 들어오지 않아 말 그대로 칠흑같이 어두운 부분이 있다고 합니다. 그러나 목자로서는 이 길이 양 떼들을 배불리 먹일 수 있는 유일한 길이고, 또 양 떼들을 산 위의 방목장으로 데리고 갈 수 있는 최선의 길이기 때문에 유능한 목자라면 언제나 이 길을 선택한다는 것입니다.

고난을 통한 유익

이 같은 양 떼들의 상황을 이해하면서 본문의 말씀을 다시 생각해 보면 그리스도인들이 '사망의 음침한 골짜기'를 통과하면서 얻는 분명한 유익이 있다는 것을 알 수 있습니다. 그 유익들을 다음의 세 가지로 정리해 보겠습니다.

첫째, 우리는 "사망의 음침한 골짜기"에서 하나님을 가장 깊이 만납니다. 목자들의 이야기에 따르면 양 떼가 그늘진 골짜기를 통과하는 이 기간이 양 떼들이 그들의 목자와 가장 친밀하게 지내는 때라고 합니다. 목자는 양 떼들을 이 기간에 산 위로 인도해야 하므로 한시도 양에게서 눈을 뗄 수 없습니다. 양들과 계속 먹고 자고 해야 합니다. 양들로서도 마찬가지입니다. 목자에게서 벗어나는 것은 곧 죽음을 의미합니다. 그러므로 양들은 목자를 바짝 따라다닐 수밖에 없습니다.

우리의 신앙생활도 마찬가지입니다. 여러분은 언제 하나님을 가장 깊이 만나셨습니까? 역시 인생의 고난과 어려움의 골짜기를 통과할 때였지 않습니까? 우리가 사망의 음침한 골짜기를 통과할 때 하나님과 진실로 친밀해지고 진짜 기도가 나옵니다.

본문 4절의 내용을 자세히 살펴보면 재미있는 현상을 발견할 수 있습니다. 앞 절까지는 시편 기자가 하나님을 '그$_{He}$'라고 해서 3인칭으로 표현했는데 이제 4절에서 '사망의 음침한 골짜기'를 말할 때는 하나님을 '당신$_{You}$'이라고 해서 2인칭으로 표현합니다. 한글 성경에는 "주께서 나와 함께하심이라."고 되어 있어서 '주'라는 말 때문에 실감이 나지 않는데 영어로는 "you are with me$_{NIV}$"라고 해서 '당신'이라고 되어 있습니다.

이것은 시편 기자가 인생의 험한 골짜기에서 하나님을 더 깊이 만난 것을 보여 줍니다. 즉 푸른 초장과 쉴 만한 물가를 거닐 때는 뭔가 그래도 하나님이 멀리 계신 분으로 느껴졌는데 이제 이 죽음의 골짜기에서는 하나님이 바로 옆에 바짝 다가와 있는 분으로 느끼게 된 것입니다.

욥기에 나오는 욥의 고백을 봐도 그것을 알 수 있습니다. 그가 말할 수 없는 시련의 고통을 통과하고 난 후에 하나님께 하는 말이 있습니다. 욥기 42장 5절에 보면 "내가 주께 대하여 귀로 듣기만 하였사오나 이제는 눈으로 주를 뵈옵나이다." 하고 고백합니다. 욥은 고통을 통과하며 하나님을 더 깊이 만난 것입니다.

제게는 딸이 셋 있는데 어릴 때에 첫째 딸은 제게 잘 안겼고, 둘째는 새침데기여서 잘 안기지 않았습니다. 안겨도 잠깐만 안기고 금방 빠져나가 버리고 말았습니다. 사람에게 자유 의지가 있으므로 내 아이지만 내 마음대로 할 수 없었습니다. 그런데 어느 날 둘째 아이를 마음껏 안아 볼 기회를 가져 봤습니다.

저와 집사람이 아이들을 데리고 바닷가에 갔을 때였습니다. 둘째가 좀 겁이 많은 편이었는데 바다의 파도 소리를 듣더니 너무 무서워하면서 시키지도 않았는데 저를 꼭 안고 떨어지지 않으려고 하는 것입니다. 그래서 오랜만에 아이를 실컷 안아 보았던 기억이 있습니다.

여러분이 인생을 살다가 어려움을 만나면 꼭 그렇게 생각하십시오. '하나님께서 나를 너무 사랑하셔서 나를 좀 더 꼭 안고 싶어서 이렇게 어려움을 허락하셨구나.' 그리고 그럴 때일수록 더욱 하나님 품에 바짝 다가가서 안기고 하나님의 숨결을 더 깊이 느껴 보십시오.

둘째, 우리는 "사망의 음침한 골짜기"에서 말씀을 가장 깊이 깨닫습니다. 목자들에 따르면 양 떼들이 이 죽음의 골짜기를 통과할 때가 사실은 가장 풍성한 꿀을 먹는 때라고 합니다. 일반적으로 가장 무성하고 신선한 목초들은 이러한 골짜기로 흘러내리는 시냇물의 양쪽 언덕에 나 있는 경우가 많기 때문입니다.*

이것은 신앙인의 영적 양식에서도 마찬가지입니다. 고난 가운데서 읽는 하나님의 말씀이 우리의 영혼 가장 깊은 곳까지 내려갑니다. 이상한 일입니다. 보통 때 같으면 전혀 와 닿지 않던 하나님의 말씀이 고난과 어려움을 당하면 전부 다 나를 위해서 하시는 말씀으로 와 닿습니다(실연을 당하고 나면 유행가 가사가 절절하게 와 닿는 것과 같은 이치입니다.).

사실 같은 음식이라도 어떤 상황과 환경에서 먹는가에 따라 그 맛이 하늘과 땅 차이입니다. 군대에 가 본 사람들 이야기를 들어 보면 한결같습니다. 몇 주 동안 소위 말해서 짬밥만 먹다가 건빵 한 봉지씩 나누어 주면 그때 먹는 건빵 맛이 정말 꿀맛입니다. 요즘 사회에서는 건빵을 주면 맛없다고 애들도 안 먹습니다. 사람이 어떤 환경에서 음식을 먹느냐에 따라 그렇게 맛이 완전히 달라질 수 있는 것입니다.

사실 인간은 본질상 죄를 좋아하고 영적인 일에 관심이 없는 존재입니다. 솔직히 말해 우리 속사람이 얼마나 교만하고 뺀질뺀질합니까? 조금만 상황이 좋아도 어디 좀 죄짓고 놀 만한 것이 없는가 하고 살피는 존재입니다. 그래서 하나님께서는 때로는 인생에 고난과 어려움을 허락하셔서 우리의 영혼 깊숙한 곳에 당신의 말씀을 내리십니다.

그러므로 혹시 여러분이 인생의 고난과 어려움을 당하여 이

'사망의 골짜기'로 들어간다 싶으면 지체 말고 말씀을 읽으십시오. 사업이 실패하였거나 취직이 안 되어서 당장 할 일이 없습니까? 새로운 직장을 얻을 때까지 말씀을 붙들고 연구하십시오. 건강상에 문제로 집에 누워 있어야 합니까? 하나님께서 새 건강을 주실 때까지 줄기차게 말씀을 읽으십시오. 그때 읽는 말씀이 꿀맛이고 그때 먹는 영혼의 양식이 두고두고 보약이 됩니다.

혹시 지금 고난의 골짜기를 통과하지 않기 때문에 말씀이 맛없는 사람이 있습니까? 그러면 그런 어려움과 역경이 오기 전에 스스로 고난의 자리에 들어가십시오. 무슨 말인가 하면 '금식기도'라도 하라는 말입니다. 그래서 어떻게든지 내 영혼이 하나님의 말씀을 깊이 받아들일 수 있는 영적 상태를 만들어야 한다는 것입니다.

마지막 셋째로, 우리는 "사망의 음침한 골짜기"를 통해서 정상으로 나아갑니다. 목자들이 양을 몰고 가는 이 골짜기 길은 양측이 깎아지른 듯이 깊고 험한 협곡을 이루고 있습니다. 그러나 정상으로 올라가기에 가장 좋은 길은 바로 이러한 골짜기를 따라 나 있는 길입니다. 비록 이 길이 힘들고 어려워도 이 길은 양들을 풍성한 꼴이 있는 정상으로 인도하는 데 꼭 필요한 길인 것입니다.

인생에서 겪는 시험에는 다 하나님의 목적이 있습니다. 믿음을 성장시키시기 위한 것입니다. 하나님께서 허락하시는 시험과 마귀의 시험을 구별해야 합니다. 마귀의 시험은 영어로 'temptation 유혹'이라고 해서 우리를 낙담시키고 자꾸 내려가게 하는 것이지만, 하나님의 시험은 영어로 'test 테스트'라고 해서 우리를 더욱 하나님께로 가까이 올라가게 하기 위한 것입니다.

그러므로 우리가 이러한 인생의 고난의 골짜기를 통과할 때 현세 나의 눈앞에 닥친 고난에만 너무 마음을 빼앗기지 말고 이 고난을 통하여 나의 신앙을 어떻게 한층 더 높은 수준으로 끌어 올릴까 하는 것을 고민해야 합니다. 그렇게 될 때 이 힘든 고난의 터널을 통과하고 난 뒤 한층 더 높은 신앙의 경지에 올라서 있는 자신을 발견할 수 있을 것입니다.

믿는 사람과 안 믿는 사람의 차이가 무엇입니까? 안 믿는 사람은 고난이 오면 절망합니다. 그리고 하나님과 사람을 원망합니다. 그러나 믿는 사람들은 고난이 오면 올수록 하나님께 더 나아갑니다. 그리고 하나님의 은혜를 더 사모합니다. 그리고 이 고난을 오히려 하나님이 원하시는 신앙의 수준으로 나아가는 사닥다리로 사용합니다. 여기에 신앙의 역설적인 진리가 숨어 있는 것입니다.

제 개인적으로 생각하기에 다윗의 시편 23편 말씀이 오늘날 이토록 은혜가 되는 것은 4절의 말씀 때문인 것 같습니다. 만약

이 시를 기록한 시인이 단순히 푸른 풀밭에 팔베개하고 하늘에 둥실 떠 있는 뭉게구름을 바라보며 하나님의 사랑에 대하여 노래했다면 이 시는 아마 오늘날까지 이렇게 많은 사랑을 받기는 어려웠을 것으로 생각합니다. 이 시 속에 나오는 무시무시한 '사망의 골짜기' 때문에 이 시가 더더욱 많은 사람이 사랑하고 좋아하는 시가 되었다고 저는 확신합니다.

이 시편을 쓴 다윗은 누구보다 인생의 어려움을 많이 겪은 사람입니다. 그는 어린 나이에 왕으로 기름 부음을 받은 이래로 그의 젊은 시기 대부분을 사울의 칼날을 피하여 광야에서 생활해야 했습니다. 그뿐 아니라 왕이 된 후에도 수많은 전쟁을 치르면서 헤아릴 수 없이 많은 죽음의 위기를 넘겼습니다. 그러므로 오늘날 다윗의 이 시편의 고백이 우리에게 더 깊은 매력과 호소력으로 다가오는 것입니다.

여러분은 어떻습니까? 오늘 이 시편의 말씀이 여러분이 인생의 고난을 통과할 때뿐만 아니라, 말 그대로 진짜 '사망의 음침한 골짜기' 즉 마지막 죽음의 순간에도 여러분을 붙잡아 줄 수 있는 말씀이 될 수 있겠습니까?

다음에 나오는 내용은 독일에서 신학생으로 공부한 분이 그가 다니던 대학의 한 노老교수님으로부터 들은 이야기를 적은 것입니다.*

******

그가 신학교에서 만난 그 교수님은 중후하게 연세가 드신 라틴어 교수님이셨는데 그 교수님께서 구사하시는 언어가 10개는 족히 된다는 소문이 대학 내에 파다했다고 합니다. 그런데 이분이 독일어, 영어, 불어는 기본이고 스페인어에다 몇 개의 동양 언어까지 하실 뿐만 아니라 유창한 히브리어까지 구사하신다는 사실을 알고 그 유학생은 너무도 놀랐다는 것입니다.

그래서 어느 날 교수님과 대화를 나누게 된 기회에 그는 갑자기 생각이 나서 교수님께 어떻게 히브리어까지 배우게 되었느냐고 여쭈어보았습니다. 그의 질문에, 교수님께서는 40년 전 교수님께서 아직 그 대학의 학생이었을 때 기숙사 시절에 만난 한 친구에 대해 말씀해 주셨습니다.

40년 전 2차 세계대전 당시 교수님께서 그 대학을 다닐 때 기숙사에서 같은 방을 쓰는 친구가 하나 있었다고 합니다. 처음에는 몰랐던 사실이었지만, 그 친구는 바로 유대인이었습니다. 나치가 독일을 장악하기 전부터 그 둘은 사이좋은 친구였습니다. 같은 방을 쓰면서 늘 같이 먹고 같이 다니고 공부도 늘 같이했는데 그 친구에게는 이상한 버릇이 하나 있었습니다. 공부를 시작하고 두어 시간 지나 지칠 때쯤 되면 늘 무슨 이상한 시 같은 것을 소리 높여 외우는 것이었습니다.

히브리어로 외우는 그 시를 알아들을 턱이 없었던 교수님은, 마치 음악같이 리듬을 타는 그 시가 무척 신기했습니다. 그래서 나중에 친구에게 물어보니 그것이 바로 구약성경에 있는 유명한 다윗의 시편 23편이라고 했습니다. 히브리어인데, 자기는 그것을 외우고 나면 마음이 상쾌해져 공부가 더 잘된다고 했습니다. 그래서 그날부터 교수님도 친구에게 배워서 그걸 같이 외우기 시작했습니다.

처음 듣는 히브리어가 좀 낯설었지만, 리듬이 아름다워 금방 익숙해졌습니다. 그렇게 1년, 2년을 함께 보내는 동안 사이좋은 두 친구는, 공부하다 지겨워질 때쯤 되면 약속이라도 한 것처럼 시편 23편을 히브리어로 소리 높여 외쳐댔습니다.

"여호와는 나의 목자시니…."

그런데 갑자기 그들에게 불행이 다가왔습니다. 나치의 핍박이 심해지면서 유대인이었던 교수님의 친구는 결국 학교를 그만두고 은신처에 숨어 있어야 했습니다. 그러던 어느 날 그 친구에게서 급한 연락이 왔습니다. 지금 나치 비밀경찰들이 들이닥쳤다고, 가스실로 끌려가게 될 것 같다고… 교수님은 급히 자전거의 페달을 밟았지만, 이미 때는 늦었습니다.

인사 한마디 나눌 틈도 없었습니다. 친구와 그 가족들을 소, 돼지처럼 밀어 넣어 태운 나치의 트럭은 벌써 그들을 어디론가 실어가고 있었습니다. 교수님은 친구의 마지막 얼굴이라도 보고 싶어 미친 듯이 페달을 밟았습니다. 눈물이 범벅이 되어 따라가고 있는데, 갑자기 트럭 옆으로 포장을 들치고 친구가 고개를 내밀었습니다. 눈물에 가려 잘 보이지 않는 친구의 얼굴은, 뜻밖에도 싱긋이 웃는 얼굴이었습니다. 그때 친구가 갑자기 소리 높여 무언가를 외치기 시작했습니다.

"여호와는 나의 목자시니 내가 부족함이 없으리로다."

놀랍게도 죽음의 가스실로 끌려가는 친구가 미소 지으며 외우고 있던 것은 바로 시편 23편이었습니다. 학교에서 같이 공부하던 그 시절, 아무 걱정 없던 그때와 같은 평온한 얼굴, 미소 띤 모습으로 친구는 시편을 외우고 있었습니다. 교수님은 온갖 기억들과 알 수 없는 감동에 눈물을 왈칵 쏟으며, 자기도 모르게 같이 따라 외우면서 자전거 페달을 힘껏, 더 힘껏 밟았습니다.

"내 영혼을 소생시키시고 자기 이름을 위하여 의의 길로 인도하시는도다."

한없이 울고 울면서, 악을 쓰듯 시편을 함께 외우며 트럭을 따라가다 길모퉁이에서 교수님은 자전거와 함께 그만 넘어지고 말았습니다. 모퉁이를 돌아 시야에서 사라지는 트럭에 실린 친구의 마지막 목소리가 희미하게 들려왔습니다.

"내가 사망의 음침한 골짜기로 다닐지라도 해를 두려워하지 않을 것은 주께서 나와 함께하심이라."

그것이 그 교수님이 친구의 얼굴을 본 마지막이었습니다. 그러나 이야기는 여기서 끝나지 않습니다. 시간이 흐를수록 전쟁의 패색은 더 짙어져 갔고 나치는 최후의 발악을 하기 시작했습니다. 독일인으로 교수님도 군대에 끌려가는 것을 피할 수 없었고 결국 러시아에서 포로로 잡혀 다른 전쟁포로들과 같이 총살을 당하게 되었습니다. 사형장으로 끌려가는 죽음의 대열에 끼여 걸으면서, 젊은 포로들은 공포에 울부짖었습니다. 그때 그들과 함께 묵묵히 사형장으로 끌려가던 교수님의 머릿속에 갑자기 가스실로 끌려가던 친구의 얼굴이 떠올랐습니다.

"그래, 죽음의 길을 웃으며 떠난 그 친구처럼 나도 담담하게 죽음을 맞이하자."

동료들이 하나둘씩 총알에 쓰러지고 드디어 교수님의 차례가

와서 자리에 섰을 때, 교수님은 총을 겨눈 군인에게 마지막 할 말이 있다고 했습니다. 허락을 받고 교수님은 잠시 눈을 감았습니다. 그러고는 사랑하는 친구가 죽음의 길을 떠나며 외우던 시편 23편을 외우기 시작했습니다.

"여호와는 나의 목자시니 내가 부족함이 없으리로다 …."

알 수 없는 힘이, 용기가 그리고 담담한 평안이 교수님을 둘러쌌습니다. 자신을 겨눈 총구가 번뜩이고 있었지만, 교수님은 자기도 모르게 목소리를 높이기 시작했습니다.

"내 영혼을 소생시키시고 의의 길로 인도하시는도다."

그때 갑자기 놀라운 일이 벌어졌습니다. 연합군의 러시아 장교가 자리를 박차고 벌떡 일어선 것입니다. 그러고는 목소리를 높여 같이 시편 23편을 외우기 시작했습니다. 그것도 히브리어로 말입니다.

"내가 사망의 음침한 골짜기로 다닐지라도 해를 두려워하지 않을 것은 주께서 나와 함께하심이라 주의 지팡이와 막대기가 나를 안위하시나이다."

연합군 장교는 유대인이었던 것입니다. 장교는 곧바로 교수님을 풀어 주라고 명령했고 사형중지 서류에 사인했습니다. 놀라서 쳐다보는 사람들에게 장교는 이렇게 말했습니다.

"하나님의 백성은, 그가 비록 악마의 제복을 입고 있다고 해도 하나님의 백성인 것이다."

******

사람들은 보통 교회에 갈 때나 기도할 때만 하나님께서 가까이 계신다고 생각하는 경향이 있습니다. 그러나 이 시편의 말씀은 우리의 선한 목자께서 푸른 초장이나 쉴 만한 물가뿐만 아니라 사망의 음침한 골짜기에서도 함께해 주신다고 말씀하십니다. "주께서 나와 함께하심이라." 이 얼마나 달콤한 약속입니까?

인생을 살다 보면 때로는 사망의 음침한 골짜기를 통과해야 할 일이 있습니다. 그러나 그러한 순간에도 결코 두려워할 필요는 없습니다. 주께서 함께하시기 때문입니다. 그뿐 아니라 우리 모두는 언젠가는 인생을 마감하며 마지막으로 죽음이라는 골짜기를 통과해야 할 때가 올 것입니다. 그러나 그때도 두려워할 필요는 없습니다. 안 믿는 사람에게는 죽음이야말로 가장 저주스러운 사망의 골짜기이지만 믿는 사람에게 이 죽음의 골짜기는 하나님이 계신 가장 높은 그곳으로 인도하는 축복의 통로가 될 뿐이기 때문입니다.

지금 여러분이 걸어가고 있는 사망의 음침한 골짜기는 어디입니까? 희망이 없고 소망이 없어 보이는 여러분의 삶의 현장은 어디입니까? 기억하십시오. 인간적으로 여러분의 삶의 현장이 아무리 힘들고 두렵게 보일지라도 그곳에 바로 하나님은 함께하십니다.

우리 영혼의 목자 되시는 하나님께서는 결코 여러분을 골탕 먹이거나 힘들게 하려고 그러한 사망의 골짜기로 인도하시는 것이 아닙니다. 여러분의 신앙을 연단시키고 더 높고 위대한 하나님의 뜻에 맞추어 쓰시기 위하여 그러한 고난을 허락하시는 것입니다. 그러므로 힘들고 어려울수록 하나님을 신뢰하십시오. 그리고 더욱 하나님께 가까이 나아오십시오.

5

상처 입은 영혼을 위한 치료제

"주께서 내 원수의 목전에서 내게 상을 차려 주시고
기름을 내 머리에 부으셨으니 내 잔이 넘치나이다."
_ 시편 23:5

상처가 있는 인생

오늘날 현대인들은 그 어느 때보다도 많은 상처를 주고받으며 살아가고 있습니다. 이러한 상처는 열등감이나 죄책감으로 인하여 발생하는 때도 있고, 주위 사람들로부터 부당한 대우를 받음으로 인하여 생겨나는 경우도 있습니다. 혹은 성장 과정에서 부모나 형제들로부터 상처를 받아서 생기는 수도 있습니다. 이유야 어쨌든 오늘날 현대인들은 이런저런 상처로 인하여 고통을 받고 있습니다.

그런데 여기서 알아야 할 사실은 신앙인들도 알게 모르게 상처가 있을 수 있다는 사실입니다. 특별히 우리가 '사망의 음침한 골짜기'를 통과해 왔다면 그 과정에서 자신도 모르는 사이에 깊은 상처가 남을 수 있습니다. 마치 험한 골짜기를 통과한 양들의 이마나 다리에 가시덤불에 긁힌 상처가 남게 되는 것처럼 그리스도인들도 인생의 힘든 역경을 통과하다가 보면 알게 모르게 상처가 남고 하나님과 사람에 대하여 쓴 뿌리가 생길 수도 있는 것입니다.

그래서 시편 23편 5절에 보면 하나님께서는 이러한 사망의 골짜기를 통과한 성도들을 위하여 풍성한 잔치를 준비해 놓으시는 것입니다. 하나님께서는 우리가 얼마나 힘든 시간을 보냈는지 아십니다. 그러므로 하나님께서는 이와 같은 잔치를 통해 찢기고 상한 우리의 심령을 위로해 주기를 원하시는 것입니다.

잔치로의 초대

본문을 좀 더 잘 이해하기 위해서는 시편 23편 5절의 내용을 4절과 연결해서 생각해야 합니다. 4절에 보면 목자는 자신의 사랑하는 양 떼들을 사망의 음침한 골짜기로 인도해 갑니다. 그 이유는 양들이 그러한 골짜기를 통과해야만 여름 한철 마음껏 먹을 수 있는 좋은 꼴들로 가득 찬 산 정상에 올라갈 수 있기 때문입니다. 그러므로 목자는 다소 위험하지만 양 떼들을 어두운 산 골짜기로 인도하여 들어가지 않을 수 없습니다.

그리고 그러한 사망의 골짜기를 통과한 양들은 마침내 산 정상으로 올라가게 되는데 그곳에는 신선한 물과 꼴들이 풍성하게 준비되어 있습니다. 그래서 양들로서는 골짜기를 통과하여 산 정상에 올라가는 것은 마치 기가 막힌 식탁이 차려져 있는 잔치에 초대되는 것과 같은 것입니다.

재미있는 것은 지금도 몇몇 높은 고원에 있는 세계의 훌륭한 목양지에는 '메사'라는 이름이 붙어 있는 지역이 많은데 이 말의 뜻은 스페인어로 'TABLE', 즉 '식탁'이라고 합니다.* 5절의 '상을 차려 주신다.'는 말씀과 정확하게 일치하는 개념입니다. 참 신기하지 않습니까?

이러한 관점에서 다윗이 시편 23편 5절을 기록할 때는 '사망의 골짜기'를 통과해 본 목자로서 자신의 경험을 가지고 이 부분을 기록하였을 것으로 추측할 수 있습니다. 즉 골짜기를 통과한 양들에게 정상의 맛있고 싱싱한 꼴들이 준비되어 있듯이, 하나님께서 환난과 어려움을 통과한 성도들에게 그들의 상한 심령을 치료하기 위하여 풍성한 은혜를 준비해 놓으신다는 것입니다.

그런데 여기서 또 한 가지 재미있는 사실은 하나님께서는 우리의 원수 앞에서 식탁을 차리신다는 것입니다. 목자들의 말에 의하면 실제로 양들이 어두운 골짜기를 통과하여 비록 정상에 올라가더라도 그곳에는 양 떼를 잡아먹을 기회를 노리는 짐승들이 여전히 있다고 합니다. 그런데 중요한 것은 초원의 정상에서 양 떼를 해치려고 바위틈에 숨어 있는 짐승들은 목자들 때문에 절대로 양 떼에게 다가가지 못한다는 것입니다. 다만 그들은 양 떼들이 여름 방목장에서 신나게 풀을 뜯는 것을 침을 흘리며 지켜볼 뿐입니다.

그러므로 여기서 알아야 할 사실은 그리스도인의 신앙생활에도 원수가 있다는 사실입니다. 요즘 현대인들은 사탄이나 마귀를 인정하지 않는 경향이 있는데 그렇지 않습니다. 그들은 사망의 골짜기에서부터 성도들을 괴롭혔고 골짜기를 벗어나 정상에 올라가는 순간에도 호시탐탐 기회를 엿보며 성도들의 뒤를 바짝 따라오고 있습니다. 그러나 중요한 사실은 우리가 하나님께 딱 붙어 있으면 그들은 우리를 해치지 못한다는 사실입니다. 그러므로 그리스도인들은 언제나 하나님 편에 붙어 있어야 합니다. 그곳은 절대적인 안전이 보장되는 곳입니다. 왜냐하면, 하나님은 늘 승리하는 분이시기 때문입니다.

이런 이야기가 있습니다.

축구 시합을 하기 위해서 동네 아이들을 두 편으로 나누었는데 양쪽으로 편을 가르다 보니 딱 한 명이 남았다고 합니다. 그 동네에서 가장 나이가 어리고 약한 아이가 남았습니다. 이 아이는 어느 편에 들어가도 별로 상관이 없었습니다. 그래서 그냥 적당히 끼워 주는 것입니다. 그래서 아이에게 선택권을 주었습니다. 어느 편에 들어갈 거냐고 물어보았습니다. 그랬더니 그 아이가 대답하기를 '이기는 편'이라고 했다고 합니다.

재미있지 않습니까? 사실 그렇습니다. 이왕 할 거라면 이기는 편에 들어가는 것이 좋지 않습니까? 그런데 여러분이 알아야 할 사실은 우리 하나님은 언제나 이기는 편이라는 것입니다. 그러므로 여러분은 아무리 현재 상황이 힘들고 어려워도 하나님 편에만 붙어 있으면 언제나 승리할 수 있습니다.

이제 하나님께서는 이같이 원수가 지켜보고 있음에도 불구하고, 고난을 통과한 당신의 백성들을 위로하려고 보란 듯이 원수들 앞에서 잔치를 베풀어 주십니다. 하나님은 이 잔치를 통해서 원수들을 조롱하시고 성도들의 상한 심령을 치료해 주십니다.

잔치라는 것이 무엇입니까? '정성 어린 환대, 풍성함, 따뜻함' 이런 것이 잔치의 분위기 아닙니까? 특별히 잔치에 초대해 주시는 분이 누구냐에 따라서 당사자는 거기에 초대받았다는 것 자체로 벌써 높임을 받습니다. 만약 여러분 중의 누군가가 현직 미국 대통령의 초대를 받아서 백악관에 가서 대통령과 함께 식사하고 왔다면 두고두고 자랑할 것입니다.

그런데 하나님께서는 일국의 대통령과는 결코 비교가 안 될 정도로 엄청나게 위대하신 분입니다. 가령 미국 대통령은 단지 미국이라는 한 나라를, 그것도 잠깐 다스리고 있지만, 하나님께서는 이 광활한 우주를 만드시고 그것을 영원히 다스리고 계신 분입니다.

여러분은 이 우주가 얼마나 큰지 아십니까? 이 광활한 우주 한구석에 지구를 포함한 별들이 태양계를 이루고 있는데 이러한 태양계가 수없이 모여 은하계를 형성합니다. 그런데 천문학자들에 따르면 이 한 은하계에만 하더라도 별들이 1,000억 개나 있다고 합니다. 그런데 이 우주에는 이 같은 1,000억 개의 별들로 이루어진 은하계가 또 1,000억 개 이상 된다고 합니다. 그러니 인간의 머리로는 이 우주의 광대함을 도무지 상상할 수 없는 것입니다.

그런데 이런 위대하신 하나님께서 우리를 초청해서 당신의 식탁에 앉히십니다. 여기서 중요한 것은 구약 시대에 사람들이 테이블에서 식사하는 경우는 극히 드물었다는 것입니다. 그렇게 테이블에 음식을 차려 놓고 의자에 앉아서 음식을 먹는 사람은 아주 특별한 신분의 사람이었는데 바로 왕이었다는 것입니다. 왕과 왕의 가족만이 그런 호사를 누릴 수 있었습니다.* 그러므로 하나님께서 우리에게 상을 베푸시고 식탁으로 초청하셨다는 것은 벌써 우리를 하나님의 자녀, 로열패밀리로 인정해 주셨다는 말씀입니다.

그뿐 아닙니다. 더 놀라운 사실은 하나님께서는 벌써 우리의 이름을 아시고 우리가 앉는 자리에 이름표를 갖다 놓으셨다는 것입니다. 하나님께서 우리 이름을 아신다는 사실을 어떻게 알 수 있습니까? 요한복음 10장 3절에 보면 예수님께서 자신을 선한 목자로 비유하면서 "문지기는 그를 위하여 문을 열고 양은 그의 음성을 듣나니 그가 자기 양의 이름을 각각 불러 인도하여 내느니라."라고 말씀하십니다. 목자가 양의 이름을 알듯이 예수님은 우리 각자의 이름을 다 아십니다.

하나님께서 나의 이름을 아신다는 것은 정말 신나는 일이 아닙니까? 우리는 가끔 자신도 이름이 헷갈릴 때가 있습니다. 특별히 미국에 가 보니 이름이 더 헷갈렸습니다. 이름과 성의 위치를 바꾸기 때문입니다. 그래서 박찬호 같은 야구 선수는 미국에 가면 '찬호박'이 됩니다.

어떤 분은 성함이 권영주 씨인데 미국에 갔더니 이름이 영주권이 되어 버렸습니다. 더군다나 여자분들은 더 헷갈립니다. 남편 성을 따르기 때문입니다. 그래서 저희 집사람 같은 경우에는 이름이 이희진인데 미국에 갔더니 제 성을 따라서 라희진이 되었습니다. 그런데 이 정도만 돼도 괜찮은데 제 동생의 부인되는 제수씨는 이름이 김라라입니다. 그래서 만약 제 동생을 따라 미국에 가게 되면 이름이 '라라라'가 되어 버립니다.

자신도 가끔 헷갈리는 우리의 이름을 하나님께서는 정확하게 알고 계시며 식탁을 마련하여 잔치까지 베풀어 주신다니 얼마나 신나는 일입니까? 더군다나 하나님은 지금 우리의 원수 앞에서 잔치하고 계시는 것입니다. 이것을 통해 하나님께서 원수들에게 무슨 이야기를 하고 싶으신 것입니까? "얘는 내 사람이니 너희들은 건드리지 마라." 뭐 이런 뜻입니다. 우리 관점에서 뭐라고 표현할 수 있겠습니까? "용용 죽겠지?"입니다.

그동안 당해 왔던 원수들에게 보란 듯이 어깨에 힘을 줄 기회인 것입니다. 그러므로 이 같은 하나님의 따뜻한 환대는 성도들의 상처와 열등감을 씻어 줍니다. 이런 잔치의 풍성한 분위기를 묘사하기 위하여 다윗은 본문 말씀에서 두 가지 상징적인 언어를 사용합니다. 그것은 바로 '기름 부으심'과 '잔의 넘침'입니다.

기름 부으심을 통한 위로

본문에 보면 하나님의 잔치에 초대된 다윗은 "주께서 내 원수의 목전에서 내게 상을 차려 주시고 기름을 내 머리에 부으셨으니 내 잔이 넘치나이다(시 23:5)."라고 고백합니다. 여기서 '기름 부으심'의 의미는 무엇입니까?

하나님께서 우리 머리에 기름을 부으신다고 하실 때 그 첫 번째 의미는 상처의 치유입니다. 목자들은 양 떼들이 상처를 입었을 때 흔히 기름을 사용하여 그들을 치료합니다. 긁힌 상처가 있거나 파리들이 양의 머리에 앉아서 유충을 낳아 양들에게 고통을 줄 때 목자들은 올리브기름을 발라 양의 아픈 부위를 치료해 주고 상처가 덧나는 것을 방지해 줍니다.

또한 하나님의 기름 부으심은 내가 하나님 앞에서 중요한 존재라는 사실을 확인해 주는 역할을 합니다. 당시 다윗이 살던 중동 지방에서는 귀한 손님의 머리에 기름을 발라 주는 것이 관습이었습니다. 중동 지역은 사막 지대고 거친 모래바람이 불기 때문에 피부가 금방 상합니다. 그러므로 향유를 넣은 기름이 꼭 필요합니다.

일반적으로 주인은 집에 석고로 만든 부드러운 병에 향내가 나는 기름을 담아서 봉해 놓습니다. 그리고 때가 되어 손님이 오면 병목을 부러뜨리고 병 안에 있던 모든 오일을 손님의 머리에 부어서 그 기름이 외투에까지 흘러내리게 합니다. 이렇게 함으로 주인은 손님을 환영한다는 것을 표현합니다.

그러므로 하나님께서 내 원수의 목전에서 내게 기름을 부으셨다는 것은 내가 하나님 앞에서 참으로 환영받는 존재라는 것을 드러내 보여 주는 것입니다. 사실상 이것을 깨닫는 순간 우리는 마음의 상처를 치료받습니다. 자신이 하나님 앞에서 소중한 존재로서의 가치를 '재발견'할 때 자신을 새롭게 보게 됩니다. 그리고 하나님이 지금도 나를 사랑하고 계신다는 사실을 알게 될 때 우리의 마음은 놀라운 위로를 얻게 됩니다.

특별히 이와 같은 '하나님의 인정하심'은 고난의 골짜기를 통과한 신앙인들에게는 각별한 의미가 있습니다. 왜냐하면, 믿는 사람이 사망의 음침한 골짜기를 통과할 때는 남과 다른 특별한 고민을 하게 되기 때문입니다. 그게 뭐냐 하면 믿는 사람이 고난을 겪으면 믿지 않는 사람으로부터 조롱을 받게 됩니다. "너는 하나님을 믿는다고 하더니 그게 뭐냐?"라는 소리를 듣게 되는 것입니다.

그러다 보면 웬만큼 믿음이 좋은 사람이라도 이런 상황이 오래가게 되면 스스로 고민하기 시작합니다. '정말 그렇긴 하다. 하나님이 나를 사랑하시는 것이 맞는가? 내 삶에 이런 고난이 있는 것을 보니 내가 혹시 하나님께 버림받은 것은 아닌가?' 이런 생각이 드는 것입니다. 하나님께서 나를 버리신 것이 아니라는 사실만 확인할 수 있어도 좋을 것 같은데 하나님은 아무 말씀이 없으십니다. 그럴 때 신앙인들은 정말 죽을 고통을 느낍니다. 그리고 그것이 상처로 남는 것입니다(사실 하나님은 우리의 믿음을 키워 주시기 위해 침묵하시는 경우가 많습니다.).

그런데 우리 신앙인들이 힘들지만 어떻게든지 믿음으로 고난의 골짜기를 통과하고 나면 어느 순간에 하나님께서 찾아와 은혜를 부어 주십니다. 성령님이 어느 순간엔가 찾아와서 나에게 기름을 부어 주시고 어루만져 주시는 것입니다. 그리고 내가 하나님께 참으로 중요한 사람임을 다시금 일깨워 주시는 것입니다. 그때 나의 묵은 상처가 치유되는 것입니다. 그러므로 이 하나님의 기름 부으심은 영혼의 어두운 밤을 통과한 신앙인들에게는 꼭 필요한 것입니다.

그리고 동시에 이 기름 부으심은 사명과도 연결됩니다. 다섯은 기름 부음을 통하여 왕으로서의 사명을 부여받았습니다. 구약성경을 보면 하나님께서 직분을 맡기실 때 기름 부음을 받게 해서 세우는 직분이 세 가지가 있는데 왕과 선지자와 제사장입니다. 이 세 가지는 대단히 중요한 직분입니다. 그렇게 볼 때 하나님께서 내게 기름을 부으신다는 것은 이제 하나님께서 나에게 새로운 사명을 맡기신다는 것입니다.

여기서 우리는 대단히 중요한 사실을 깨달을 수 있습니다. 그것은 그리스도인들이 겪어야 하는 고난과 고통은 단순히 훈련과 연단만을 위한 것이 아니라는 사실입니다. 하나님은 고난의 골짜기 너머에 사명의 자리를 마련해 놓으십니다. 그러므로 하나님께서 그리스도인들에게 고난을 주시는 이유는 그 고난을 통하여 사명과 직분을 능히 감당할 수 있는 사람으로 세워지기를 원해서입니다.

성경에 보면 요셉의 경우가 바로 그렇습니다. 요셉은 하나님으로부터 오는 꿈을 받고 그다음에는 말할 수 없는 고난과 연단을 받았습니다. 노예 생활과 감옥 생활을 통하여 그야말로 사망의 음침한 골짜기를 통과하였습니다. 하나님께서 그렇게 하신 이유가 무엇입니까? 그것은 요셉을 애굽의 총리대신으로 세우셔서 온 민족을 구원하고자 하는 계획이 있으셨기 때문입니다. 이를 위해 하나님께서는 요셉을 어둡고 캄캄한 사망의 골짜기를 통과하게 하신 것입니다.

  이러한 사실을 깨달을 때 우리에게는 말할 수 없는 기쁨이 넘칩니다. 어둡고 컴컴한 사망의 골짜기를 통과할 때는 나는 죽은 사람이라고 생각했는데, 하나님도 나를 버리셨다고 생각했는데 골짜기를 통과하고 보니 하나님의 위로하시는 잔치가 있고 새로운 사명을 허락하시는 기름 부으심이 준비된 것입니다. 고난 가운데서도 하나님께서 나를 버리시지 않은 것을 확인하는 것만 해도 감격스러운데, 나에게 새로운 사명을 맡기시는 하나님의 손길을 보면서 더욱 감격하지 않을 수 없는 것입니다.

  만약 여러분들 가운데 아직 고난의 골짜기를 통과하시는 분이 있다면 이 사실을 꼭 기억하시기 바랍니다. 하나님께서는 여러분들에게 의미 없는 고통을 주기 위해 고난의 골짜기로 인도하시는 것이 아닙니다. 그리고 그 고난의 시간이 영원히 지속되는 것도 아닙니다. 비록 하나님께서 지금은 여러분들에게 침묵하고 계실지라도 하나님의 예정된 시간이 지나면 하나님께서는 여러분들에게 풍성한 영혼의 축제를 허락하실 것입니다. 그리고 치유하시는 은혜와 새로운 사명으로의 부르심을 주실 것입니다. 이 사실을 꼭 믿으시기 바랍니다.

잔을 채워 주심을 통한 위로

하나님이 베푸시는 은혜의 풍성함을 표현하기 위하여 다윗이 사용한 또 하나는 '잔이 넘친다.'라는 표현입니다.

"주께서 내 원수의 목전에서 내게 상을 차려 주시고 기름을 내 머리에 부으셨으니 내 잔이 넘치나이다."

'잔이 넘치도록 채워 주심'이 영적으로 상징하는 것은 하나님께서 우리에게 부어 주시는 말로 다 할 수 없는 풍성한 은혜를 의미합니다. 하나님은 상처 입은 우리를 위로하시고, 우리가 새로운 사명을 감당할 수 있도록 넘치는 은혜를 부어 주시는 것입니다.

이러한 넘치는 은혜는 내 삶에 임하는 하나님의 임재하심과 상황과 환경에서 뚜렷이 보이는 축복으로 나타날 수 있습니다. 물론 우리가 사망의 골짜기를 통과할 때도 하나님은 함께하셨습니다. 그러나 그때는 왠지 일이 잘 풀리지 않았습니다. 그 기간에는 건강의 문제로 인하여 어려움을 겪었을 수도 있고, 관계의 문제나 재정의 문제로 인하여 어려움을 겪었을 수도 있습니다. 기도해도 왠지 겉도는 것 같고 하나님이 나의 기도에 침묵하시는 것만 같이 느껴졌을 수도 있습니다.

그 이유는 하나님께서 나를 버리셨기 때문에 그런 것이 아니라 내가 받아야 할 훈련 기간을 채우기 위해서 그렇게 하신 것입니다. 그러나 이제 내가 사망의 음침한 골짜기를 빠져나왔습니다. 하나님께서 요구하신 연단의 시간을 다 통과하였습니다. 그러자 이제 하나님께서는 놀라운 응답으로 역사하십니다. 막혔던 문들이 열리고, 생각지도 못했던 일들이 일어나며 주위 사람들이 나를 돕는 자가 되어서 일하기 시작합니다.

하나님의 때가 온 것입니다. 이제 연단의 때가 끝나고 하나님께서 나를 사용하실 때가 온 것입니다. 기도하면 하늘 문이 열린 것 같이 기도의 응답이 옵니다. 그리고 생각지도 못했던 방법으로 문제가 해결되기 시작합니다. 이것이 바로 잔을 가득 채워 주시는 하나님의 은혜입니다.

물론 그렇다고 이 기간에 언제나 나에게 천국만이 임하는 것은 아닙니다. 여전히 내 삶에는 힘들고 어려운 문제들이 있을 수 있습니다. 쉽게 해결하기 어려운 상황들이 발생할 수도 있습니다. 그러나 중요한 것은 하나님께서는 이제 이 시점에서는 내 삶에 닥치는 문제보다 더 큰 은혜의 강물로 이 모든 문제를 덮어 버리고 힘차게 전진할 수 있도록 능력을 주신다는 것입니다. 이것이 바로 '내 잔이 넘친다.'라고 하는 말의 의미입니다.

여러분은 하나님의 은혜가 이 세상과 내 주위 환경의 어려움을 이겨낼 수 있는 능력이라는 사실을 믿습니까? 사람에게는 환경이 중요한 것 같지만 사실은 그것이 절대적인 것이 아닙니다. 비록 주위 환경이 힘들고 어렵더라도 내 속에서 넘치는 은혜가 있으면 그 모든 어려움을 극복해 나갈 수 있습니다. 그러므로 하나님은 우리가 흘러넘치는 은혜 가운데 살기를 원하십니다. 왜냐하면, 우리의 잔이 넘치게 되면 인생의 어떤 문제나 상처도 뛰어넘을 수 있는 능력이 생기기 때문입니다.

제가 과거에 어떤 책에서 읽은 예화가 있는데, 지금도 잊을 수 없습니다. 이 예화에 나오는 분이 개인적으로 너무 힘든 문제가 있어서 하나님께 기도했는데 하나님께서 환상을 보여 주시더라는 것입니다. 환상 가운데 큰 바다가 있고 자신이 탄 배가 있는데 그 앞에 큰 바위가 있더라는 것입니다. 그 바위는 그의 문제를 상징하는 것이었습니다.

그런데 하나님께서 환상 중에 그에게 말씀하시기를 "바위를 치워 줄까, 물 높이를 높여 줄까?" 하고 물어보시더라는 것입니다. 바위를 치워 달라고 하는 것은 문제를 없애 달라는 것이고, 물 높이를 높여 달라고 하는 것은 그 문제보다 더 큰 은혜를 주셔서 그 문제를 넘어가게 해 달라는 것입니다.

여러분 같으면 어떻게 하시겠습니까? 죄 많은 이 세상에 살면서 우리는 어차피 문제를 일으키는 바위를 산더미같이 많이 만나게 되어 있습니다. 하나의 문제를 없애면 또 하나의 문제가 기다리고 있는 것이 우리 인생입니다. 그러므로 중요한 것은 이 모든 문제가 없어져야 하는 것이 아니고 이 모든 문제를 뛰어넘을 수 있는 은혜를 구하는 것입니다. 은혜가 넘치면 모든 것이 다 덮어지고 문제가 되지 않기 때문입니다.

저는 그것을 체험해 보았습니다. 지금은 꽤 오래된 추억이지만, 제 친구인 김한욱 목사와 제가 서울에서 각각 다른 교회에서 고등부 전도사로 섬기고 있을 때 같이 연합해서 고등부 수련회를 한 적이 있습니다. 목사님과 제가 아주 친해서 같이 수련회를 한번 해 보고 싶은 마음이 있었고, 또 저희가 지도하는 아이들에게 잊지 못할 추억을 심어 주고 싶은 마음도 있고 해서 큰맘 먹고 연합 수련회를 하기로 한 것입니다.

그러나 사실 두 교회가 연합으로 수련회를 한다는 것은 쉬운 일이 아닙니다. 고등학생들이라 한참 예민한 나이이기 때문에 두 교회에서 연합으로 수련회를 하게 되면 아이들끼리 서로 세력 다툼을 할 수도 있고 서로 마음이 맞지 않아 문제가 발생할 수도 있기에 저희는 가기 전부터 바짝 긴장해서 작정하고 기도를 많이 했습니다.

그런데 수련회에서 참 놀라운 일이 많이 일어났습니다. 제 평생에 그렇게 시험이 많은 수련회는 처음이었습니다. 처음 출발하는 순간부터 돌아오는 순간까지 얼마나 시험이 많은지 도무지 정신을 차릴 수 없었습니다. 그런데 더 놀라운 일이 있었습니다. 수련회 기간 동안 시험이 엄청나게 많았는데 그때마다 시험보다 더 크고 넘치는 하나님의 은혜가 임해서 모든 상황을 능히 이겨 나가도록 도와주시더라는 것입니다.

수련회에서의 시험은 출발하는 순간부터 왔습니다. 아이들을 모두 태운 버스가 출발하여 교회 골목을 돌아 나오는데 그 입구에 큰 돌이 하나 있어서 버스가 갇혀서 오도 가도 못하게 된 것입니다. 뒤로 빠질 수도 없고 앞으로 나갈 수도 없고 해서 진땀을 빼고 있는데 도저히 안 되겠다 싶었던지 고등부 학생들 몇 명이 나와서 죽을힘을 다해 버스를 들어 올렸습니다. 그런데 참 놀랍게도 도저히 상식적으로는 들릴 수 없는 버스가 슬쩍 들리더니 큰 돌을 빠져나가는 것이 아닙니까? 저는 눈을 의심할 지경이었습니다.

이렇게 하여 출발한 버스가 수련회 장소인, 바닷가에 있는 교회에 도착해서 친구 전도사님 교회의 고등부 아이들과 합류하였습니다. 그런데 다시 시험이 찾아 왔습니다. 전도사님과 제가 함께 바닷가로 답사를 나갔는데 교회 차가 그만 모래사장에 빠져버린 것입니다. 뜨거운 땡볕을 맞으며 차를 빼내려고 한 시간 이상 고생했는데도 바퀴만 헛돌고 차는 꼼짝도 하지 않았습니다.

정말 앞이 캄캄했습니다. 숨은 점점 차고 현기증이 일어나며 이제 쓰러질 지경이 되었습니다. 그런데 그때였습니다. 우리가 있던 모래사장 너머로 어떤 트럭이 하나 나타났습니다. 저는 마지막 희망이라고 생각하고 그 트럭 운전사에게 뛰어가서 도움을 청했습니다. 그 운전사는 트럭을 몰고 우리 차 곁으로 다가왔고 마침 트럭 안에 있던 견인용 밧줄을 이용하여 기적적으로 차를 모래밭에서 꺼낼 수 있었습니다. 떠나가는 트럭에 감사 인사를 하며 트럭 안을 쳐다보니 선명히 빛나는 십자가 목걸이가 거울에 걸려 있었습니다.

시험과 또 그 시험을 뛰어넘는 은혜는 계속해서 이어졌습니다. 그날 저녁 집회를 하려고 시골 교회에 모였는데 제가 맡고 있던 교회의 고등부 부장 집사님이 오시지 않는 것입니다. 그날 뒤늦게 출발하는 아이들을 자신의 차에 태우고 따로 오시기로 하신 분이 집회 시작 시간이 되어도 나타나지 않는 것입니다(당시에는 핸드폰이 없어서 연락도 불가능했습니다.). 그래서 집회 전까지 꼭 오시도록 간절히 기도했는데 집회가 막 시작하려니까 아이들과 함께 헐레벌떡 들어오시는 것입니다. 나중에 알고 보니 부장 집사님께서 고속도로에서 차를 몰고 오는데 갑자기 운전석에 불이 붙었다고 합니다.

그래서 너무나 당황하여 겨우 차를 갓길에 세웠는데 걱정이 태산 같았다고 합니다. 이 차를 어떻게 수리하며 또 아이들을 데리고 저녁 집회 시간까지 도착해야 하는데 이를 어떻게 할 것인가 하며 걱정하고 있는데 놀라운 기적이 일어난 것입니다. 갑자기 견인차 한 대가 그 차 옆에 와서 선 것입니다. 그리고 부르셨느냐고 물어보는 것입니다.

부른 적이 없다고 하니까 마침 정비소에 가는 길인데 그럼 끌어 주겠다고 하면서 차를 끌고 간 것입니다. 마침 근처에 정비소가 있었고 차는 큰돈 들이지 않고 그 자리에서 수리하여 아슬아슬하게 집회 시간에 맞춰 올 수 있었다는 것입니다. 참으로 놀라운 하나님의 은혜가 아닐 수 없었습니다.

그런데 그렇게 시험이 많았던 수련회였지만 그에 비례해서 수련회 기간은 정말 말로 표현할 수 없을 만큼 놀라운 은혜가 임했습니다. 특별히 찬양 집회 시간에는 하늘 문이 활짝 열리고 천국의 은혜와 감동이 물밀 듯이 밀려오는데 이루 말로 표현할 수 없었습니다. 아이들이 상대방 교회의 아이들을 붙들고 울면서 기도해 주는데 천국의 감동이 바로 이런 것이구나 하는 느낌이 들도록 엄청난 은혜가 임했습니다.

그리고 시험은 돌아오는 순간까지도 계속되었습니다. 집회를 잘 마치고 이제 두 교회가 각각 헤어져서 서울로 올라오고 있었습니다. 그때 우리 학생들은 버스에 타고 있었고 저는 부장 집사님의 차를 몰고 부장 집사님과 함께 버스 뒤를 쫓아가고 있었습니다. 그리고 중간에 휴게소에서 잠시 쉬었다가 저는 학생들이 타고 있는 버스로 옮겨 탔습니다. 부장 집사님은 자신의 차를 몰고 이제 집으로 바로 들어가시기로 되어 있었습니다.

그런데 이게 웬일입니까? 제가 집사님과 헤어져서 학생들이 있는 버스를 타고 한참을 오다가 무심코 주머니에 손을 넣어 보니 거기서 열쇠가 하나 나왔습니다. 가만히 생각하니 제가 휴게소에서 집사님께 열쇠를 전해 드리지 않고 바로 버스를 타고 온 것입니다. 부장 집사님께서 열쇠가 없는 차 앞에서 하염없이 기다리고 계실 것을 생각하니 눈앞이 캄캄했습니다.

그래서 고등부 남자 선생님 한 분하고 무조건 다음 휴게소에서 내렸습니다. 그런데 그곳은 서울 가까운 지점이라서 모든 차가 서울로 올라가고 반대로 내려가는 차가 한 대도 없는 것입니다. 당황해서 이리저리 알아보고 있는데 갑자기 주유소에 서 있는 차 한 대가 눈에 확 들어왔습니다. 겉으로 보기에는 평범한 트럭인데 왠지 하나님께서 저 차를 타고 가라고 말씀하시는 것 같은 강한 감동이 밀려 왔습니다.

그래서 물어보니 놀랍게도 그 차는 우리가 가고자 하는 방향으로 가는 차였습니다. 그래서 그 차를 얻어 타고 극적으로 집사님께서 계신 휴게소 반대편에 내릴 수 있었습니다. 그런데 문제가 또 있었습니다. 고속도로에 차가 쌩쌩 다니고 있어서 도저히 위험해서 건널 수 없었습니다. 그런데 은혜의 역사가 또 한 번 있었습니다. 참으로 놀랍게도 고속도로 밑에 작은 터널이 하나 뚫려 있었습니다. 그래서 그곳을 통하여 무사히 휴게소로 가서 집사님을 만나 뵙고 함께 집사님의 차를 타고 학생들이 도착한 교회로 올 수 있었습니다. 와서 보니 30분밖에 늦지 않았습니다. 참 놀라운 일입니다.

나중에 궁금해서 친구 전도사님께 전화해서 그쪽은 무사히 들어갔냐고 물어보니 아니나 다를까 그쪽에서도 사고가 있었다는 것입니다. 휴게소에 차를 세워 놓았는데 어떤 음주운전 차가 와서 그 차를 들이받았다는 것입니다. 그래서 어려움이 있었지만 다행히 다친 사람은 없었고 사고를 은혜롭게 잘 마무리하고 올라왔다는 것입니다.

저는 그 수련회를 통해서 참으로 놀라운 진리 하나를 발견했습니다. 그것은 인생을 살면서 아무리 어려운 시험이 다가와도 그 어려움을 뛰어넘는 더 큰 하나님의 은혜가 있게 되면 그 어려움이 어려움으로 되지 않는다는 것입니다. 이것이 참으로 중요합니다. 우리 인생에는 문제가 있고, 지고 가야 할 십자가가 있습니다. 그러나 우리가 하나님의 은혜를 충만하게 받게 되면 우리의 문제도, 우리의 어려운 십자가도 전혀 아무런 문제가 되지 않습니다.

교회에서 신앙생활을 해 보면 그렇습니다. 하나님의 은혜가 떨어지면 별 것 아닌 사소한 문제도 큰 문제로 느껴지고 그것 때문에 괜히 시험에 들고 그럽니다. 그러나 은혜가 넘치면 웬만한 문제가 닥쳐와도 시험으로 느껴지지 않고 이겨 나갈 힘이 생깁니다. 그래서 우리가 신앙생활을 잘하기 위해서는 은혜가 꼭 필요한 것입니다. 그것도 보통의 은혜가 아니라 넘치는 은혜, 즉 주체할 수 없는 은혜가 필요한 것입니다. 그러므로 다윗의 고백처럼 차고 넘치는 은혜가 필요합니다.

기독교는 신비로운 종교입니다. 세상 사람들은 알지도 못하고 이해하지도 못하는 은혜가 있습니다. 이 은혜는 말로 다 할 수 없는 능력입니다. 우리가 모든 문제와 어려움을 넘어서서 전진할 수 있게 만드는 능력입니다. 그러므로 은혜가 넘치면 순교하는 자리에도 기쁨으로 찬송을 부르며 나아갈 수 있습니다.

그리스도인의 삶에는 더 많은 은혜의 물결이 필요합니다. 그러므로 저와 여러분은 더욱더 은혜를 사모하고 하나님께서 우리들의 빈 잔을 넘치는 은혜로 가득 채워 주시고 머리끝에서 발끝까지 성령으로 기름 부어 주시도록 계속 기도해야겠습니다.

6

미래를 두려워하는 영혼을 위한 치료제

"내 평생에 선하심과 인자하심이 반드시 나를 따르리니
내가 여호와의 집에 영원히 살리로다."
_ 시편 23:6

미래를 두려워하는 우리 인생

오늘날 현대인들은 많은 두려움에 시달리고 있습니다. 특별히 오늘날은 '앞으로 다가오는 미래의 삶'에 대하여 막연한 두려움을 가지고 살아가는 사람들이 너무나 많습니다. 왜냐하면, 우리 인간의 마음속에는 안정에 대한 강한 욕구가 있는데 오늘날의 사회는 안정적인 것이라고는 아무것도 없기 때문입니다.

이 세상의 모든 것이 너무나 급격하게 변화하고 있습니다. 그러므로 이제는 그 어느 것도 변하지 않는 것이 없다고 말해도 지나친 말이 아닙니다. 평생을 보장하던 직장은 벌써 옛말이 되어 버렸습니다. 그토록 안전하다고 생각하던 미국의 심장부에 테러가 발생하여 눈 깜박할 사이에 수천 명이 죽기도 했습니다. 국제 정세에 따라서 하루아침에 주가가 오르락내리락하고, 멀쩡한 대기업이 무너지기도 합니다. 그러므로 이제 누구도 자신의 앞날이 안전하게 보장되어 있다고 큰소리칠 수 없게 되었습니다.

이러한 삶의 두려움은 그리스도인들도 예외가 아닙니다. "하나님을 믿는다, 신앙생활을 열심히 한다."라고 하지만 우리도 왠지 모를 미래에 대한 불안감을 가지고 살아갑니다. 그것은 그리스도인들이 현재 몸담고 살아가고 있는 이 세상 자체가 너무나 불안하기 때문입니다. 그러므로 알게 모르게 이 세상 사람들이 가지고 있는 불안과 두려움에 전염되기 쉽습니다.

더군다나 비록 그리스도인들이 하나님의 은혜 가운데 하루하루를 살아가고 있지만 지금도 성도들을 노리고 있는 원수 마귀들의 추격이 있습니다. 그래서 믿음이 좋은 그리스도인들조차도 지금은 내 삶이 평안하지만 앞으로는 왠지 안 좋은 일이 생길지도 모른다고 하는 미래에 대한 막연한 불안감을 지니고 살아가고 있습니다.

그렇다면 이처럼 미래에 대한 불안감을 가지고 살아가는 오늘날의 그리스도인들에게 하나님께서 주시는 치료의 말씀이 무엇입니까? 그것은 바로 시편 23편 6절의 말씀입니다.

"내 평생에 선하심과 인자하심이 반드시 나를 따르리니 내가 여호와의 집에 영원히 살리로다."

이 말씀을 통하여 하나님께서는 우리를 미래의 두려움에서 벗어나게 해 주십니다.

우리를 추격하는 하나님의 은혜

이 말씀이 왜 우리를 치료해 줄 수 있습니까? 그것은 이 말씀이 미래에 대한 불안과 두려움에 살아가는 우리에게 놀라운 소망이 되기에 충분하기 때문입니다. 이 말씀은 우리 그리스도인들의 뒤를 따라 오는 것은 막연한 불안이나 두려움이 아니라, 하나님의 선하심과 인자하심이라고 이야기하고 있습니다.

시편 23편 6절에서 다윗이 하나님의 "선하심과 인자하심"이 자신을 따른다고 했을 때 그것은 그냥 듣기 좋으라고 하는 말이 아닙니다. 이것은 그의 인생 전체를 돌아보면서 체험적으로 하는 고백입니다. 그는 인생의 노년에서 그의 삶을 회고해 보았습니다. 그러면서 그는 일개 목동이던 자신을 기름 부어서 왕으로 세우신 하나님의 손길에서 '하나님의 선하심'을 깨닫게 되었습니다. 또한 간음죄와 살인죄를 지어 죽어 마땅하지만 회개하는 그를 용서하고 버리지 아니하시는 하나님의 손길에서 '하나님의 인자하심'을 경험했습니다. 그래서 그는 이러한 고백을 하는 것입니다.

이것은 다윗만의 고백만이 아닙니다. 우리도 예수 그리스도를 믿게 되면 자신의 삶 속에서 '하나님의 선하심과 인자하심'을 경험하게 됩니다. 저도 저 자신의 삶을 생각해 보면 대학교 2학년 때에 예수 그리스도를 구세주로 영접하고 난 뒤부터 제 인생이 풀렸습니다. 중학교 때부터 늘 몸이 약해서 비실거리던 제가 오히려 그때보다 훨씬 더 건강하게 살고 있고, 여학생들에게 별로 인기도 없던 저에게 과분한 아내를 주셔서 아름다운 가정을 꾸미게 해 주셨습니다.

그리고 공부만 해도 그렇습니다. 예수님을 믿기 전에는 공부가 무척 힘들고 시험을 쳤다 하면 늘 바닥을 기었는데, 예수님을 믿고 나서부터는 지혜가 생겨서 대학을 졸업할 때까지 계속 장학금도 받고 신학대학원에 다니면서 반에서 1등도 해 봤습니다. 그리고 미국에서 석사, 박사 학위를 받고 교수까지 되었습니다. 이것은 대학교 1학년 때까지만 하더라도 꿈도 꾸지 못할 저의 모습입니다.

저는 하나님의 은혜로 벌써 제가 올 수 있는 곳보다 훨씬 더 멀리 온 사람입니다. 그리고 앞으로도 더 멀리 갈 것으로 믿습니다. 왜냐하면, 하나님의 '선하심과 인자하심'이 저의 뒤를 계속 따르고 있기 때문입니다. 여러분도 마찬가지입니다. 예수 그리스도를 믿는 사람이라면 누구나 그렇게 될 수 있습니다.

제 동생의 경우를 봐도 그렇습니다. 동생은 저하고 같은 대학교를 나왔는데 대학 들어올 때만 해도 영어 실력이 그렇게 좋지는 않았습니다. 그런데 예수님을 믿고 열심히 공부한 결과, 토익에서 전국 1등을 했습니다. 그래서 회사를 다니다가 지금은 목사 안수를 받고 어린이전도협회를 통해 선교사로 파송되어 나갔습니다. 어린이전도협회는 지금 전 세계 206개 나라에 있는데 현재 제 동생은 한국인 최초로 아시아 태평양 지역 대표를 맡아 국제적인 선교사로 활동하고 있습니다.

이런 이야기는 하면 끝이 없습니다. 제 후배는 지방대에서 별로 인기 없는 과를 다니고 있었습니다. 그리고 그 후배는 아버님도 안 계시고 어머님이 어렵게 집안을 겨우 꾸려 나가고 있었습니다. 거기에다가 몸도 비쩍 말라서 인도의 간디같이 생겼다고 해서 제가 별명을 '간디'라고 지어 주었습니다.

그런데 이 친구가 제가 공부하는 영어 성경공부 모임에 들어오더니 신앙에 열심을 내고 열심히 영어를 공부해서 당시 토플 TOEFL 시험에서 상당한 고득점을 얻고 기적적으로 학교에서 1년에 단 한 명 뽑는 학교 유학생에 뽑혀서 미국으로 유학을 갔습니다. 그리고 그곳에서도 하나님의 은혜로 전공을 컴퓨터 사이언스로 바꾼 뒤 학교를 수석으로 졸업하고 시애틀에 있는 마이크로소프트 회사에 취직했습니다. 그런데 제가 알기로는 이 친구에게 절대로 천재 기질이 있는 것은 아니었습니다. 그런데도 하나님을 의지하니까 하나님께서 그의 인생을 그렇게 높여 주신 것입니다.

이 친구는 지금 자신이 가지고 있는 컴퓨터 기술로 컨설팅도 하고 인디언 부족에 가서 컴퓨터 활용법을 가르쳐 주며 단기선교도 하면서 얼마나 충성스럽게 주님을 섬기고 있는지 모릅니다. 이렇게 우리가 신앙생활을 제대로 하게 되면 하나님의 "선하심과 인자하심"이 우리를 따르기 시작하게 되고 우리의 삶에 새로운 지평이 열리게 되는 것입니다.

하나님의 선하심과 인자하심이 하는 일

그런데 여기서 한번 생각해 볼 것이 있습니다. 우리의 뒤를 하나님의 "선하심과 인자하심"이 따라 다닌다고 할 때 과연 그 말이 신앙생활을 하면 무조건 모든 일이 잘 풀리고 만사형통하는 것만을 의미하는가 하는 것입니다. 저는 그렇게 생각하지 않습니다.

이것을 잘 이해하기 위하여 '양치기 개'를 한번 생각해 보겠습니다. 제가 보기에는 시편 23편 6절의 다윗의 고백에서 여호와의 '선하심과 인자하심이 반드시 나를 따른다.'라는 이 말씀은 다윗이 목동 생활을 하면서 목자 옆에 붙어서 함께 양들을 몰고 가는 두 마리의 '양치기 개'에서 영감을 얻어서 기록한 것이라는 생각이 듭니다.

사실 양치기들은 혼자 양을 치는 것이 아니고 '양치기 개'들의 도움을 받아서 양을 칩니다. 우리가 잘 아는 개 중에 '셰퍼드'라는 것이 있습니다. 보통 양을 치는 개를 보고 '셰퍼드'라고 하는데 그것이 사실 영어로 'Shepherd' 즉 목자라는 말에서 나온 말입니다. 즉 이 개들이 사실은 '작은 목자'라는 것입니다.

이 셰퍼드 개들이 하는 일이 무엇입니까? 물론 이 양치기 개들이 하는 일 가운데는 양들을 공격하는 짐승들로부터 양들을 지키는 일도 있으나, 무엇보다 가장 중요한 임무는 양들이 무리에서 이탈하지 않도록 하는 것입니다. 이를 위해 '양치기 개'는 양들 뒤를 바짝 쫓다가 만약 양들이 뒤로 쳐지고 딴 곳으로 빠지려고 하면 가차 없이 양들을 몰아서 양 무리에서 벗어나지 않게 합니다.

이것은 우리의 신앙생활에서도 마찬가지입니다. 하나님이 왜 우리에게 "선하심과 인자하심"이라는 경호원을 붙여 주십니까? 물론 그것은 복을 주시기 위해서입니다. 그러나 그것보다 더 중요한 근본적인 이유는 '내가 여호와의 집에 영원히 거하게' 하기 위해서입니다. 즉 우리가 천국 가는 길에서 이탈하지 않게 하기 위해서입니다.

여호와의 집, 천국까지 바로 가게 하는 것이 하나님의 최종적인 목표입니다. 그러므로 우리가 중간에 딴 길로 가지 않고 목자 되신 주님을 잘 따라가서 천국까지 가게 하려고 하나님께서는 '선하심과 인자하심'이라고 하는 두 경호원을 붙여 주시는 것입니다.

그러므로 '여호와의 선하심과 인자하심'은 신앙인들에게 무조건 좋은 일만 생긴다는 뜻이 아닙니다. 오히려 그것은 그 어떤 상황에서도 우리가 하나님에게서 벗어나지 못하게 해서 결국 하나님이 계신 천국까지 가게 만들고야 마는 하나님의 모든 인도하심을 의미하는 말입니다.

그러므로 믿어지지 않겠지만 때로는 사업에 실패하는 것도 하나님의 "선하심과 인자하심"입니다. 만약 그것이 우리가 하나님을 올바르게 믿는 데 도움이 되었다면 말입니다. 심지어는 감옥에 가는 것도 하나님의 "선하심과 인자하심"입니다. 만약 그것이 우리가 딴 길로 빠지지 않고 천국에 가는 데 도움이 되게 하였다면 말입니다.

세시봉으로 유명한 윤형주 장로님 같은 분이 그 대표적인 예입니다. '가수 윤형주'라고 하면 당시 60-70년대 한국에서는 최고의 가수였습니다. 그런데 이분은 그토록 잘생기고 인기가 많았지만 물의 한 번 안 일으키고 지금까지 CM 송도 1,000곡이나 만들고 하나님 앞에서도 정말 귀하게 쓰임 받고 있습니다. 그런데 거기에는 이유가 있습니다. 이분이 언제 이렇게 '하나님 절대 신앙'으로 바뀌게 되었는가 하면 한참 인기 절정에서 대마초 사건으로 감옥에 들어갔을 때입니다.

윤형주 씨는 원래 모태 신앙으로 기본적으로 신앙이 있었지만 젊은 나이에 얻게 된 부와 명예로 당시 엄청난 교만과 죄악의 나락으로 빠지고 있었습니다. 그가 당시에 얼마나 교만하고 돈이 많았는지를 보여 주는 일화가 있습니다.

어느 날 그의 아버지가 방탕하게 사는 그를 꾸짖자 그는 그 자리에서 집을 나가 버렸습니다. 그러면서 그는 아버지에게 다음과 같이 말했습니다.

"아버지, 성경에 나오는 탕자는 아버지의 재산을 들고 나갔지만 저는 그냥 나갑니다."

이렇게 말하고 바로 집을 나가서 아파트를 한 채 사서 들어갔습니다.

당시 그가 얼마나 돈이 많았고 얼마나 교만했는지를 보여 주는 이야기입니다. 젊은 나이에 이렇게 갑자기 돈과 명예가 굴러 들어오자 그의 영혼은 철저히 망가져 가고 있었습니다. 그러니 하나님의 선하심과 인자하심이 이러한 그를 그냥 두고 볼 수 없었던 것입니다. 그래서 갑자기 대마초 사건이 터진 것입니다. 실제로 그는 대마초를 피운 것도 아니었는데 어쩔 수 없이 그 사건에 말려들어서 감옥에 가게 되었습니다.

하루아침에 최정상의 자리에서 나락으로 떨어진 그는 자살하고 싶은 충동에 시달렸습니다. 그러다가 그의 어머니가 감옥에 넣어 준 성경책을 읽는 가운데 하나님을 다시금 새롭게 만났습니다. 그리고 그의 남은 인생은 영적으로 성공적인 삶을 살 수 있게 되었습니다. 그러므로 그에게 있어서는 감옥에 들어간 것이 바로 '하나님의 선하심과 인자하심'인 것입니다.

제가 미국에서 만난 어떤 형제는 젊을 때 있었던 경험 하나를 제게 들려주었습니다. 이 형제는 모태 신앙인이었는데 한동안 친구와 같이 자취하며 하나님을 멀리하는 삶을 살고 있었다고 합니다. 그런데 어느 금요일 저녁, 자취방에서 친구와 함께 쉬려고 누워 있다가 갑자기 이런 생각이 들더라는 것입니다.

'야, 이 좋은 금요일 저녁을 그냥 이렇게 보내서야 되겠는가?'

그래서 친구와 함께 벌떡 일어나서 나이트클럽에 가서 즐기려고 화장실에서 막 준비를 하고 있었다는 것입니다.

그런데 머리에 막 젤을 바르며 분위기를 잡고 있는 그때, 지금 죄지으려 가는데 하나님은 이것을 어떻게 생각하실까 하는 생각이 문득 스쳐 지나가더라는 것입니다. 그런 생각이 들자 이 형제는 일부러 하나님을 더 잊어버리려고 친구에게 크게 소리쳤다는 것입니다.

"야, 오늘 밤은 하나님 같은 것은 다 잊어버려!"

그런데 바로 그 말이 끝나는 순간 큰 방에 걸려 있던 대형 거울이 꽝 소리를 내며 떨어져서 박살이 나 버렸다는 것입니다. 이 형제가 얼마나 놀랐는지 그 자리에서 털썩 주저앉아 버렸습니다. 이 형제가 그날 밤 죄지으러 갔을까요? 못 갔을까요? 당연히 못 갔습니다.

이 형제에게는 그날 거울이 떨어진 것이 '하나님의 선하심과 인자하심'인 것입니다. 몇 년 동안 잘 걸려 있던 거울이 하필이면 그 순간 왜 떨어졌을까요? 하나님이 그 형제를 사랑하셔서, 하나님께서 원하시지 않는 길로 가지 않게 하려고 그렇게 하신 것입니다. 그러므로 그 형제에게는 거울이 깨진 것, 그것이 바로 하나님의 "선하심과 인자하심"이 되는 것입니다.

이같이 우리 신앙인들은 '하나님의 선하심과 인자하심'의 의미를 단순한 축복의 의미로서만 아니라 좀 더 넓은 눈을 가지고 해석할 수 있어야 합니다.

팔자보다 높은 십자

이렇게 하나님의 '선하심과 인자하심'이 우리를 늘 따라다닌다는 것을 믿으면 인생을 보는 눈이 달라집니다. 삶에 대한 막연한 두려움과 공포가 사라지는 것입니다.

과거에 한국 사람들에게 일평생 늘 따라다니는 것이 있었습니다. 바로 '사주팔자'입니다. 그게 사실은 별 것 아닌데 사람들이 종종 거기에 매여 삽니다.

제 아내가 첫째 아이를 임신해서 병원에 갔을 때입니다. 아내와 함께 산부인과에 진찰을 받으러 갔더니 제 앞에 들어간 사람에게 의사가 막 화를 내는 것입니다. 그래서 제 차례가 되어 들어가서 왜 그러셨냐고 물어보았습니다. 아기를 '사주팔자'에 또 시간까지 맞추어서 낳기 위해 자기가 정한 시간에 아기를 낳게 해 달라고 산모가 우겼다는 것입니다. 그러니 의사가 화가 날 만도 하지 않았겠습니까?

제가 전도사 시절에 첫 사역지가 조그만 개척 교회였습니다. 그때 한 아주머니가 위암 초기 증세를 발견하고 누군가의 전도로 교회로 나와서 신앙생활을 하기 시작했습니다. 그런데 어느 날 그분이 제게 "전도사님, 이렇게 암에 걸리고 이런 것도 다 팔자겠지요?"라고 물으시는 것입니다.

그때 제가 이렇게 대답했습니다.

"무슨 말씀입니까? 예수 믿는 사람이 팔자가 어디 있습니까? 우리는 팔자보다 더 큰 십자를 믿는데 그까짓 팔자에 매여 살 필요 없습니다."

그랬더니 그 아주머니의 얼굴이 환하게 밝아지는 것을 볼 수 있었습니다.

그렇습니다. '팔자'보다 더 센 것이 '십자가'입니다. 예수 그리스도 안에서는 우리의 운명이 바뀔 수 있기 때문입니다. 제가 이런 이야기를 했더니 유머 감각이 뛰어난 제 선교사 동생이 '팔자'보다 높은 것이 '십자'이고 '사주'보다 높은 것이 '구주'라고 이야기했습니다.^^

　기독교가 왜 위대합니까? 그것은 교회에 다니고 신앙을 가지게 되면 '구주의 십자가'로 인하여 우리의 영원한 운명이 바뀌게 되기 때문입니다. 이제 '사주팔자' 그런 것은 다 떼어버리십시오. 왜냐하면, 이제 하나님의 '선하심과 인자하심'이 나를 따라다니기 때문입니다. 그러므로 믿는 사람은 팔자타령을 하면서 운명론적인 삶을 살면 안 됩니다.

　축구 선수 중에 기독교인으로 존경과 사랑을 받는 선수가 있습니다. 우리가 잘 아는 이영표 선수입니다. 그는 축구장 밖이나 안에서 한결같은 성실함과 열심으로 많은 사람에게 사랑과 인정을 받았고 은퇴한 이후에 더 큰 존경을 받고 있습니다. 그런데 그는 원래 예수님을 믿던 사람이 아니었습니다. 어떤 분의 전도로 기독교인이 되었습니다. 그가 신앙생활을 하면서 크게 변화된 부분이 있는데 그것은 바로 징크스를 두려워하지 않게 된 것입니다.

　원래 운동선수들에게는 징크스란 것이 있습니다. 시합을 앞두고 어떤 특정한 일이나 행동을 하면 시합에 지거나 안 좋은 일이 생긴다고 생각하는 것입니다. 일종의 미신과 같은 것인데 승

부의 결과에 대하여 예민한 선수들로서는 별것 아닌 것 같아도 신경이 쓰일 수밖에 없는 것입니다.

그런데 이영표 선수가 쓴 책에 보면 그는 예수님을 믿고 난 뒤에 일부러 징크스를 깨는 행동을 했다고 합니다. 가령 먹으면 안 되는 음식을 먹는다던가, 해서는 안 되는 행동을 일부러 골라 가면서 했다고 합니다. 그래도 아무 문제가 없었다고 합니다.

이것이 바로 믿음 충만한 그리스도인들의 삶입니다. 우리는 하나님 안에서 자유롭습니다. 하나님의 선하심과 인자하심이 항상 나를 붙들어 주시고 도와 주실 것이니 내가 무엇을 하더라도 두려울 것이 없습니다.

그렇다면 우리가 이렇게 하나님께 붙잡힌 삶을 살다가 결국은 어떻게 됩니까? 언젠가 하나님의 영광스러운 천국에 들어갈 것입니다. 시편 23편의 다윗의 마지막 고백이 그것입니다.

"내가 여호와의 집에 영원히 살리로다."

우리가 하나님의 선하심과 인자하심의 경호를 받으며 정신없이 걷다 보면 어느새 천국 문 앞에 서 있게 되는 것입니다. 이것이 하나님을 믿는 사람의 영광스러운 일생입니다.

내가 여호와의 집에 영원히 살리로다

여기서 "여호와의 집"에 대하여 잠깐 생각해 보겠습니다. "여호와의 집"은 궁극적으로 천국을 상징하는데 우리는 결국 천국에 가기 위해서 신앙생활을 하는 것이라는 사실을 꼭 기억해야 합니다. 어떤 사람은 "신앙생활하면서 천국 가기 위해서, 그것 때문에 신앙생활하는 것은 좀 유치한 생각이 아닌가?" 하고 말하는 사람이 있는데 그것은 정말 몰라서 하는 말입니다.

결국, 우리 인생은 나그네라는 사실을 알 필요가 있습니다. 그러므로 모든 인간은 돌아가야 할 집이 있어야 합니다. 사실상 인간이 고민하는 모든 문제는 영원한 아버지 집을 떠나온 데서부터 시작된 것입니다. 집 나가면 고생이라는 말이 있지 않습니까? 탕자가 아버지의 사랑을 뿌리치고 집을 나간 데서부터 그의 인생은 고달파졌습니다. 인간도 마찬가지입니다. 하나님을 떠난 데서부터 우리 인생은 힘들어진 것입니다. 그러므로 우리는 돌아갈 본향을 사모해야 합니다.

날씨가 갑자기 추워지고 바람이 불 때는 미국에서 보았던 홈리스들이 자주 생각이 납니다. 한국에도 잘 곳이 없어 지하철역 같은 곳에서 쭈그리고 자는 노숙자들이 있습니다. 참 불쌍한 사람들입니다. 그들은 돌아갈 집을 잃어버린 사람들이기 때문입니다. 그러나 그들보다 더 불쌍한 사람들이 있습니다. 그것은 이 세상을 떠난 뒤에 돌아갈 곳이 없는 사람들입니다.

이 세상은 그저 영원을 준비하는 장소에 불과합니다. 우리가 70년, 80년을 살았어도 영원한 천국의 삶에 비교해 보면 그저 잠깐 스치는 시간에 불과한 것입니다. 아이가 뱃속에서 열 달을 있었어도 앞으로 태어나서 살아갈 삶이 더 중요한 것처럼 현재 우리의 삶보다 훨씬 더 중요한 영원의 삶이 우리를 기다리고 있습니다.

어떤 사람은 우리가 사는 이 삶이 전부인 줄 알고 살아갑니다. 그러나 사실 영원에 비추어 보면 우리는 아직 제대로 태어나지도 않은 것임을 알아야 합니다. 이 땅의 삶은 학교로 치면 아직 유치원에 다니는 것이나 마찬가지입니다. 사실상 유치원은 아직 학교라고 말할 수도 없는 곳이 아닙니까?

제가 미국으로 유학 가서 아이들을 키우면서 참 중요한 사실을 하나 깨달았습니다. 아이가 아주 어렸을 때 유치원을 보냈는데 미국에서는 유치원을 'preschool'이라고 합니다. 'pre'가 '앞'이라고 하는 접두어니까 'school'이라는 말 앞에 붙이면 '학교 들어가기 전에 그에 앞서 먼저 다니는 학교'라는 뜻입니다. 그렇게 볼 때 엄밀히 말해서 preschool은 학교도 아닙니다. 그런데 놀랍게도 preschool에서 진짜 school에서 하는 것처럼 다

하는 것을 봤습니다. 우리 집 큰딸이 preschool에 다닐 때 보니 담임선생님도 있고 매일 숙제도 있고 심지어는 성적표도 나옵니다. 그러나 중요한 사실은 preschool은 아직 정식으로 학교에 다니는 것도 아니라는 사실입니다. 진짜 학교가 아직 남아 있기 때문입니다.

마찬가지입니다. 여러분의 인생에서 가장 좋은 것은 아직 오지도 않았습니다. 이 땅의 삶이 전부가 아닙니다. 영원의 삶에 비유하면 우리는 아직 삶을 시작도 하지 않은 것입니다. 여러분 앞에 영원히 영광된 삶이 기다리고 있습니다. 그러므로 우리가 할 일은 하나님과 동행하다가 어느 날 하나님이 오라고 하실 때 그곳에 갈 수 있도록 자신을 준비시키는 것입니다.

시편 23편 말씀을 묵상해 보면 하나님을 목자로 선택한 사람은 진실로 행복하다는 사실을 알 수 있습니다. 왜냐하면, 이 땅에서도 하나님의 축복을 받으며 살고, 죽어서도 영원한 기쁨을 누릴 수 있기 때문입니다. 죽음은 그저 하나의 과정에 불과합니다. 하나님을 목자로, 하늘 아버지로 믿고 따르는 사람에게는 죽음이란 '아버지의 집'으로 돌아가는 것입니다.

백혈병을 앓고 있던 어떤 소년의 이야기가 기억납니다. 이 소년은 어린 나이에 백혈병으로 일찍 세상을 떠나게 되었습니다. 어린 소년에게 신앙이 있었지만 역시 죽음 앞에서 그는 두려워했습니다. 그래서 소년이 아버지에게 이야기했습니다.

"아빠 나 이제 죽으면 어떻게 돼요?"

그러자 아버지가 부드러운 목소리로 이렇게 말합니다.

"사랑하는 내 아들아, 언젠가 네가 밖에서 놀다가 지쳐 흙투성이가 되어 들어와서 소파에 엎드려 잔 적이 있었지? 다음 날 아침 눈을 떠 보니 너는 어디에 있었니?"

"네, 눈을 떠 보니 침대에 누워 있었어요."

"그래, 네가 잠은 소파에서 잤는데 잠을 깨어 보니 어떻게 침대에 있게 되었지?"

그러자 아이가 대답했습니다.

"아빠가 자는 저를 안아서 옷을 갈아입히고 깨끗한 침대에 눕혀 주셨지요."

"그래, 그리고 눈을 뜨니까 누가 보고 있었니?"

"네, 아빠가 저를 보고 미소 짓고 있었어요."

그러자 아버지가 조용히 이야기했습니다.

"사랑하는 아들아, 네가 천국에 가는 것도 마찬가지란다. 너는 어느 날 이 세상을 떠날 때가 올 거야. 그러나 그때도 두려워하지 말아라. 아빠가 너를 안아 눕혔듯이, 네가 눈을 감는 순간 하나님께서 네게 다가오셔서 부드러운 손으로 너를 안아 천국으로 인도하실 거야. 너는 이곳에서 눈을 감지만 다시 눈을 뜨는 순간 아름다운 천국에서 너를 보고 계시는 하나님 아버지의 얼굴을 볼 수 있을 거야."

그렇습니다. 이것이 바로 그리스도인들의 삶입니다. 그러므로 믿는 사람들은 이미 인생 전체가 보장된 사람들입니다. 우리에게는 일생 하나님의 '선하심과 인자하심'이 따라 다니고 죽어서는 천국이 기다리고 있습니다. 그러나 이것은 모든 사람에게 해당하는 약속이 아니고 '여호와는 나의 목자'라고 고백할 수 있는 사람에게만 해당하는 약속입니다. 그러므로 다 같이 똑같은 인생을 살아가는 것 같아도 여호와 하나님을 목자로 모시고 살아가는 사람과 그렇지 않은 사람과는 하늘과 땅의 차이가 나는 것입니다.

다윗은 시편 23편을 통하여 신앙인들의 일생을 보여 줍니다. 우리는 이 시편을 통하여 신앙인들의 삶에는 푸른 초장과 같이 평화롭고 축복된 시간만 있는 것이 아니라 사망의 음침한 골짜기와 같은 고난의 시간도 있음을 알게 되었습니다.

그러나 우리는 인생의 어떤 상황에서도 늘 함께해 주시는 하나님의 사랑이 있음을 또한 알게 되었습니다. 천국에 갈 때까지 '선하심과 인자하심'으로 인도하시는, 포기하지 아니하시는 하나님의 사랑이 있기에 우리는 삶에 대한 어떠한 두려움도 떨쳐버릴 수 있습니다.

이제 시편 23편에 대한 묵상은 끝나지만, 여러분들의 삶에서 이 시편과 같은 삶은 여전히 계속될 것입니다. 그리고 삶의 굽이굽이마다 찾아오는 어려움과 고난은 여전히 여러분을 지치게 하고 좌절시키고 낙담시킬 것입니다. 그러나 그와 동시에 우리가 시편 23편을 통하여 받게 된 하나님 약속의 말씀들 또한 계속 살아 있다는 사실을 기억하시기 바랍니다.

그러므로 여러분의 인생이 힘들고 어려워질 때마다 이 시편 말씀을 붙잡으십시오. 그리고 하나님께서 언제나 우리와 함께해 주시겠다고 하는 이 약속의 말씀을 의지하며 살아가시기 바랍니다. 그러다가 어느 날 홀연히 하나님께서 부르실 때 하나님 앞으로 인도함을 받아 하늘 아버지의 집에서 영원히 사는 여러분이 되시기를 간절히 소망합니다.

● 나가는 말 ●

요즘 현대인들은 병이 참 많습니다. 고혈압부터 시작해서 당뇨병, 심장질환에 이르기까지 많은 병과 싸우며 살아갑니다. 그런데 이 육신의 질병보다 더 무서운 것이 있습니다. 그것은 마음의 병입니다. 복잡하고 힘든 이 세상을 살면서 현대인들은 마음과 영혼이 많이 병들어 있습니다.

하나님께서 언제부터인가 제게 시편 23편이 현대인들의 병든 영혼을 치료하는 '치료제'라는 사실을 깨닫게 해 주셨습니다. 이 사실을 깨닫고 개인적으로 이 시편 23편을 읽고 묵상할수록 이 시를 기록한 다윗의 뜨거운 신앙고백과 그에게 이러한 신앙고백이 나오도록 함께해 주신 하나님의 크신 사랑을 절실히 느낄 수 있었습니다.

오랜 시간에 걸쳐 이 말씀을 묵상하고 또한 사랑하는 성도들과 함께 나누면서 시편 23편 속에 숨겨져 있는 하나님의 보석 같은 은혜들이 하나씩 드러날 때마다 왜 이 시편이 수천 년 동안 가장 많은 사람의 사랑을 받는 시편이 되었는지 그 이유를 충분히 알 수 있을 것 같았습니다.

시편 묵상을 마치게 될 때쯤 저의 마음속에 한 가지 생각이 떠올랐습니다. 그것은 나의 시편 23편은 과연 어떠한 것이 되어야 할까 하는 것이었습니다. 어차피 시편 23편이 다윗이 자신의 신앙 여정을 회고하며 그의 삶의 굽이굽이마다 베풀어 주신 하나님의 사랑을 노래한 것이었다면, 저도 제 인생을 마감할 때쯤에는 나만의 시편 23편이 있어야 하지 않겠는가 하는 것을 생각해 보았습니다.

그런 면에서 좀 더 열심히 이 신앙의 길을 걷고 싶습니다. 나중에 저의 자녀들과 손주들에게 부끄럽지 않은 신앙고백을 남기고 싶습니다. 제가 걸어간 이 신앙의 발자취들이 저의 뒤를 따르는 여러 사람에게 모범이 되는 복된 발걸음이 되기를 소망해 봅니다.

짧은 인생길이었지만 지금까지 저의 삶을 인도해 주셨던 주님의 은혜를 감사드립니다. 남은 인생 그분의 손을 더욱더 꼭 잡고 가고 싶습니다. 영원한 주님의 집에 들어가서 온전히 쉬게 되는 그 날까지 한 분 목자를 따라가는 충실한 양이 되고 싶습니다. 저를 알고 저의 이름을 불러 주시는 그분을 사랑합니다.

2018년 6월
라원기

● 미주 ●

23쪽* 황성주, 『디지털 시편 23편』(호도애, 2002), p. 68.
28쪽* 2001년 5월 23일 발표된 시로 확인됨.
　　　이진희, 『유대인의 목축문화를 통해 본 시편 23편』,
　　　(쿰란출판사, 2010), p. 71. 참조.
34쪽* 정용철, 『마음이 쉬는 의자』(좋은생각, 2002)에 수록됨.
62쪽* 필립 켈러, 『양과 목자』(생명의말씀사, 1978), pp. 63-64.
75쪽* 위의 책, p. 87.
75쪽** 위의 책, p. 89.
78쪽* 위의 책, p. 94.
82쪽* 정충영, 『남산 편지』에서 재인용.
93쪽* 위의 책, p. 114.
97쪽* 이진희, 『유대인의 목축문화를 통해 본 시편 23편』,
　　　(쿰란출판사, 2010), p. 249.